映画論叢㊸

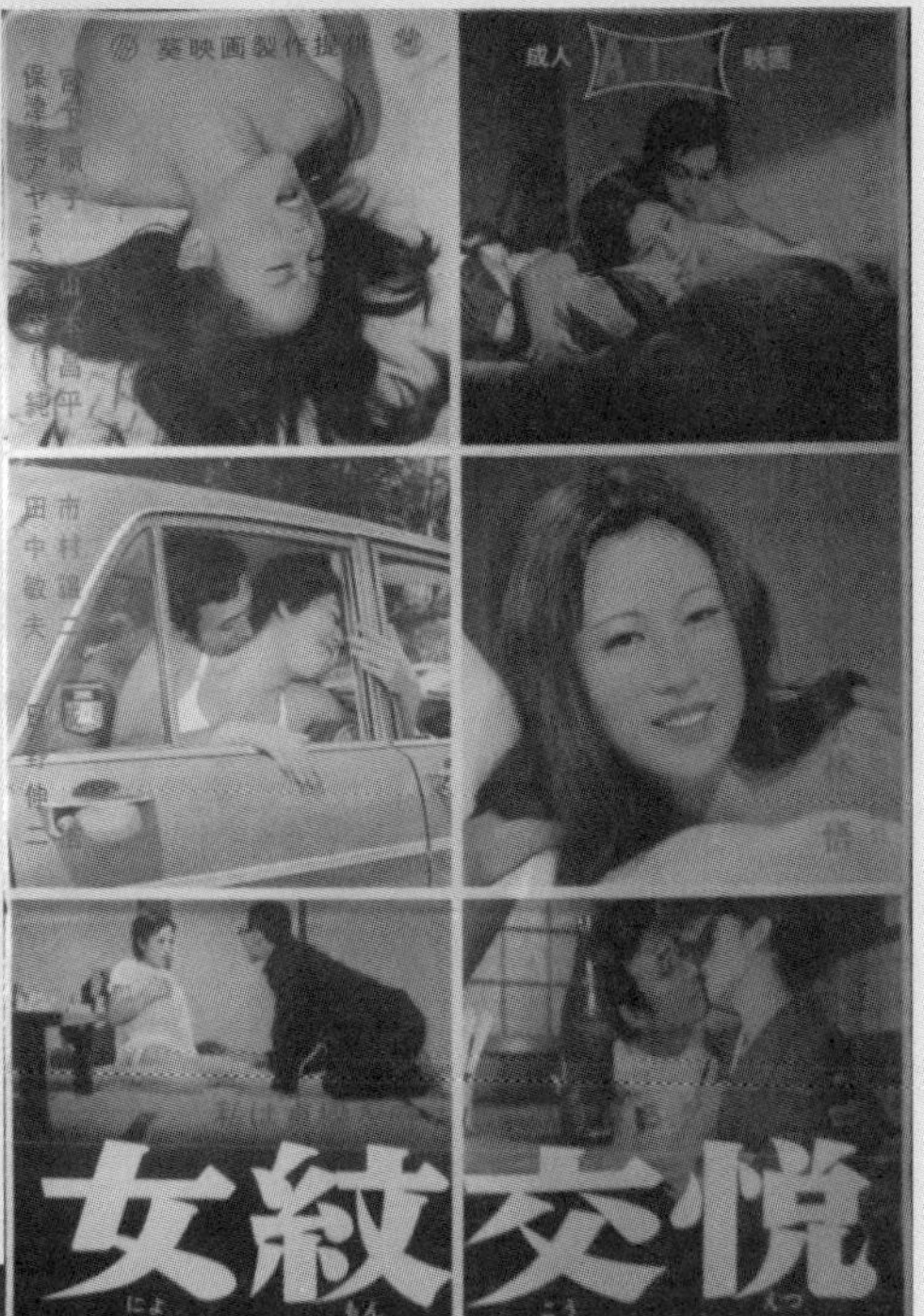

国書刊行会

映画論叢 63 もくじ

主任辯士として森鷗光の名がみえる太陽館の広告

『執念の蛇』ポスター

田上旺作「新しきフィリッピン」（猪熊弦一郎・装）

表紙写真：『夏の妹』撮影現場。左から、ハンモックを整える佐藤静夫助監督。一人おいてカメラを覗く撮影の吉岡康弘。一人おいて演出の大島渚監督。ハンモックには栗田ひろみ

扉写真：（上）小林悟『女紋交悦』（71）。脚本・岡田昇平（山本昌平）。中央右に宮下順子
（下）弘津三男『青蛇風呂』。毛利郁子と伊沢一郎

プログラムにみる　戦前池袋の映画館あれこれ（下）

冬樹薫

関東大震災おこる――大正12・9・1――

東京震災の下町から、穏やかな山手へと、人口の移動が始まった。

池袋キネマ

池袋への通勤客で溢れたのが、西口の〈ときわ通り〉。その商店街の中程に、〈池袋キネマ〉。前は広場。経営は大蔵貢。改正道路に沿って、豊島師範、鉄道教習所などが空地を埋め尽くす。人口の増加につれて、当時の娯楽映画館が、駅前に激増した。

池袋日勝館

明治通りに面した瀟洒な白色コンクリート二階建。二回にはフルーツパーラー。

小学生が映画を観るのは不良、と言われたころ、学校から勧められたのが『愛の一家』（1941年　日活多

ベストセラー「右門捕物帖」。アラカンの右門、たまらないですネェ

『愛の一家』

摩川　原作アグネス・サッベル。監督・春原政久。小杉勇、風見章子）

その推薦の御陰で、ホヤホヤの日勝館入場ＯＫでした。

池袋映画劇場

栃木屋薪炭置き場のところに建てられた木造二階建。

アラカンも大東亜戦争末期だと、こんな姿に。春坊（市川春代）は変りませんネ

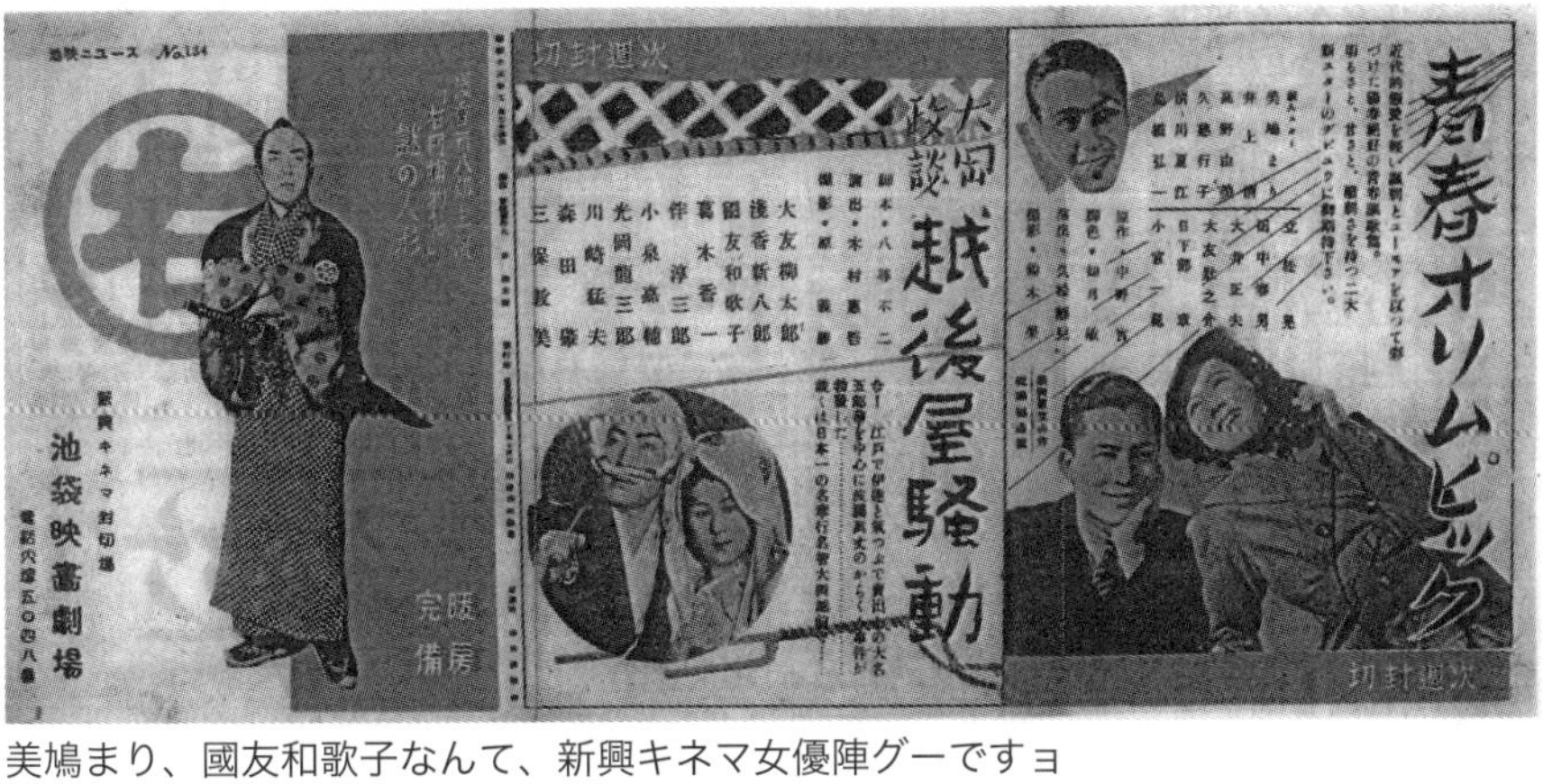

美鳩まり、國友和歌子なんて、新興キネマ女優陣グーですョ

新興キネマ封切場でスタート。

『天狗倒し』（1944年　監督・井上金太郎。佐分利信）の時、立って観たのが、忘れられない。鉄の供出で、椅子が無い有様。売場には、干し柿だけがポツンでした。

池袋大東亜映画劇場

ここについては『映画論叢』誌60号で語り尽くしました。

（ふゆき・かおる）

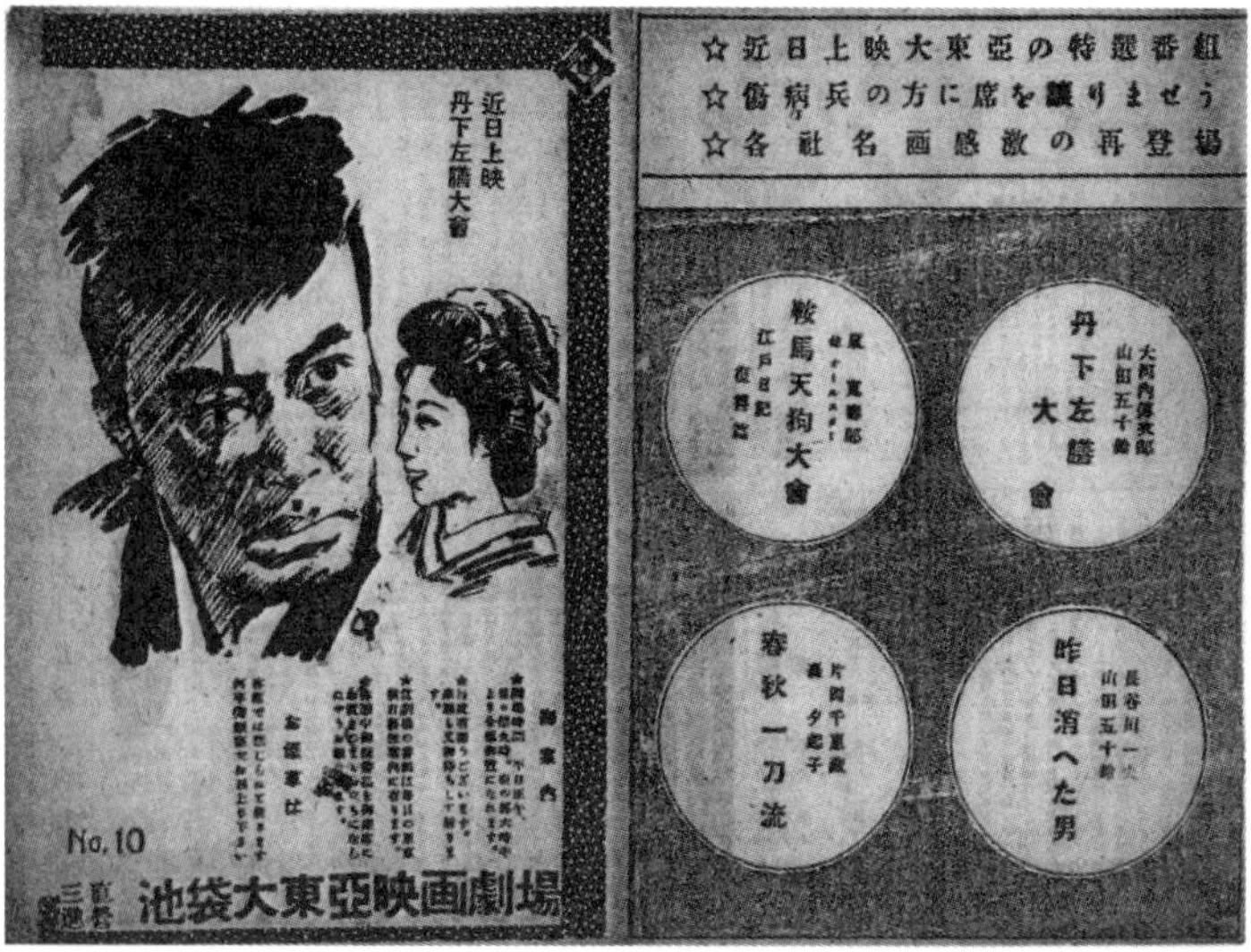

『丹下左膳』とか『鞍馬天狗』とか、時代劇・チャンバラ・お好きですナ

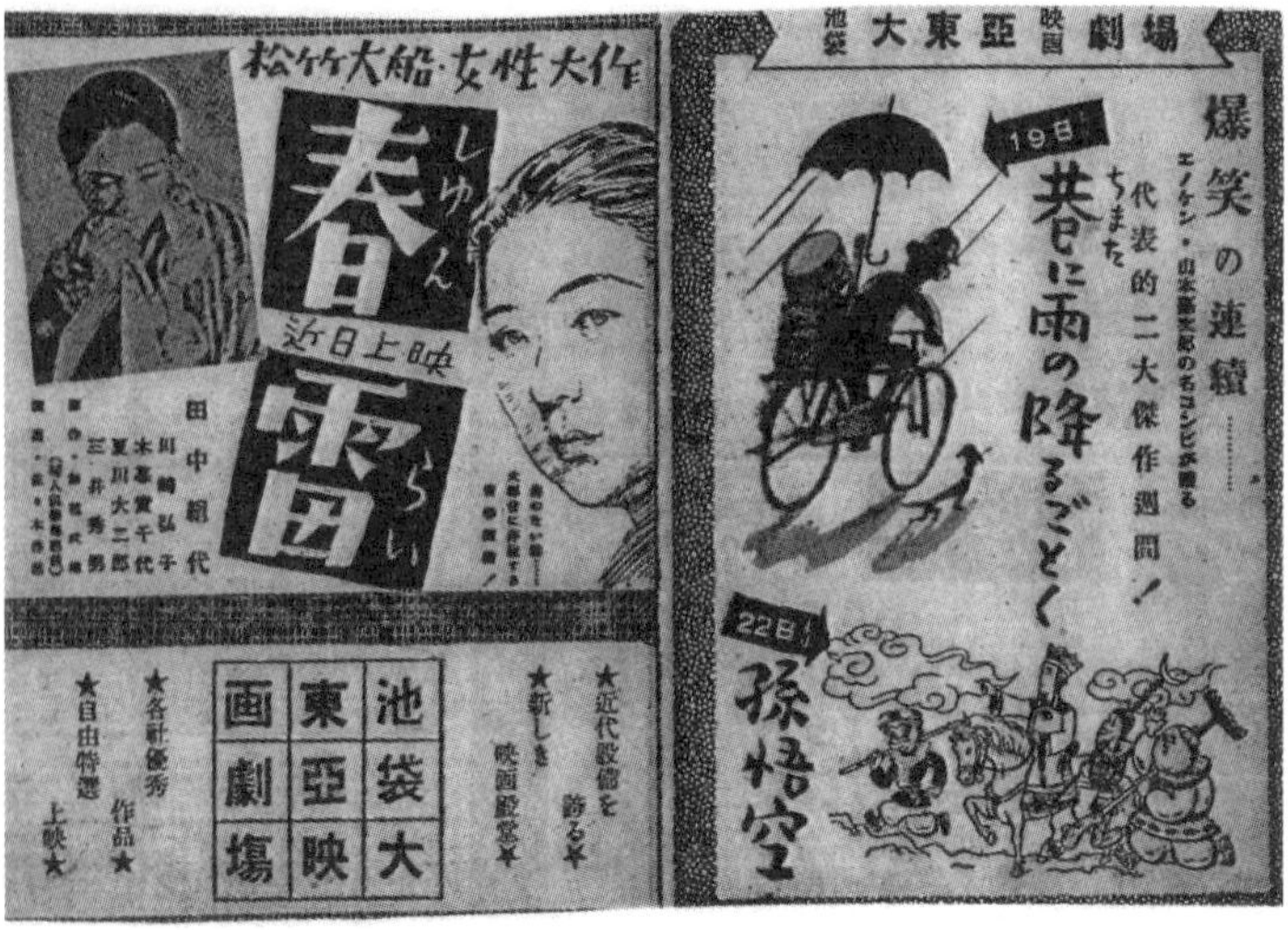

絹代ちゃんて、ポックリして可愛かったですネェ

台本作家・伊豆肇

草創期ＴＶの面白さ

広瀬信夫

　東宝俳優・伊豆肇。『青い山脈』のガンちゃんはじめ、ヌーボーとした役柄で売っていて、正味のところ、まあ大根ってヤツ。代表作と言われるものでも、彼の演技が褒められたことはない。とはいえ北京大卒、一流企業入社のヒトだからアタマは良く、先見の明があった。銀幕の絶頂期・昭和三十年には東宝退社、ブラウン管に進出する。大根には変わりないので、演技の代表作とてないが（異論あるファンの方、ご意見お待ちしてます）ＴＶドラマの台本に挑戦したのは〝でかした〟ものだ。草創期ゆえアマチュアに機会ありと踏んだのだろう。

　そんな伊豆が担当したドラマを小説化したのが『風流交叉点』（昭和34年刊）。版元が通俗小説専門・光書房というのもタレント本でなく、プロっぽいですね。なかみは、こんな感じ…見合いに行った青年が相手のうちの女中に一目惚れ、肝腎のお嬢さんには合わずに帰って女中に求婚。でも、彼女はお嬢さんが化けていたのだ（「人生の組合せ」）。年増女がやっと結婚、その当日、行方不明だった昔の男がシベリヤから帰ってくる（「二人の婚約者」）。仲人好きの夫婦が頼まれた変な結婚（「若返り」）。キャリア中年女の処女の嘆き（「東京の女」）。ギャンブル狂会社員の上役を巻込んでのコン・ゲーム（「何かにつけて」）。或る娘を追い続ける怪しの外人、その目的は？（「被害は男性です」）等々。バラエティには富んでいるが、まあ、ありきたりなものばかり。軽い消閑読み物です。

　元はＮＴＶの深夜番組（放映題『風流交差点』）で、艶っぽい内容だったそうだ。本書では夫婦のダブル不倫（未遂）を扱った「妻の願い」が、初期のタッチなんだろう。それが或る時、濡れ場で事件が起こる。抱き合った男女からカメラがパンして箪笥の上のコケシを映す。そこでコケシが小刻みに揺れ続けたのだ。当時の建付けの悪いセットで、一台しかないカメラを移動させた為なんだが、エロ味が強いとエライ人に怒られ、結句、中身まで微温的なものになったそうだ。初期の台本、誰か発掘してよ。

（ひろせ・のぶお）

大島組出身　佐藤静夫監督インタビュー

武器は卒塔婆だ！シルバー仮面

小関太一

宣弘社製作の『シルバー仮面』という特撮ヒーロー番組が放映されたのは、もう半世紀以上前である。裏番組に視聴率で苦戦し、巨大化という大幅な路線変更をしたにもかかわらず惨敗し、当時では珍しく2クール（26話）で終了した。

事の始まりは以下の通りである。『ウルトラセブン』の中盤より参加したTBSの橋本洋二は『セブン』『怪奇大作戦』と日曜七時のタケダアワーの円谷作品を手掛けヒット作を連発した名プロデューサーだった。その作品に対する厳しい姿勢はベテランの脚本家や監督らと度々衝突したが、次は過去の円谷作品で異色作ながら結果を出していたTBSディレクター実相寺昭雄をメインに据え今までにない特撮ヒーロー作品を作ろうと企画。狙いは米国ドラマ『逃亡者』のようなもの。それがこの『シルバー仮面』だった。集められたのは特撮の精鋭たち。その筆頭は既出の監督・実相寺昭雄、脚本家・佐々木守、デザイナーは池谷仙克といった錚々たるメンバーだった。円谷プロは「怪奇大作戦」終了後製作縮小となりスタッフのリストラを行っておりその際にフリーとなったメンバーが主なスタッフだったが、裏の本家円谷ブランド『ミラーマン』には敵わず視聴率戦争で惨敗した。近年『ゼブラーマン』や『タローマン』といった架空の打ち切り特撮ヒーローが創造されたがその元ネタが『シルバー仮面』であったと言っても構わない存在だった。

佐藤静夫監督近影

　再放送の少なかった本作は鑑賞の機会が少ない為、何かと変な噂や推測が生まれた。「着ぐるみに引火し中の俳優が焼死した」とか「シルバー仮面はゴミバケツをかぶり怪獣を倒した」、「通行人のいる商店街のど真ん中で戦闘が行われた」などと信じられない物ばかりだった。火のないところになんとやらで、驚いたことに俳優が焼死したという以外は全て本当だった。

　筆者は幼少期に本作を観てはいたが、当然録画機器のない時代なので曖昧な記憶を確かめる事は出来なかった。その無責任な噂の中に「シルバー仮面が卒塔婆を武器に宇宙人と戦った」というものがあった。自分でレーザーディスクにして一番確認したかった場面はこれだった。

　墓場でドミノ星人と肉弾戦を始めたシルバー仮面が、卒塔婆で星人を叩くという驚愕の場面も無論あった。しかしこの第九話『見知らぬ町に追われて』と続く第十話『燃える地平線』は路線変更直前のヤケクソだったのか、卒塔婆など消し飛ぶくらいのさらなるインパクトの連続だった。

　その二本を監督したのが佐藤静夫だった。後にも先にも彼の名前が劇映画の監督としてクレジットされるのは現在本二作のみである。この伝説とも言われた「シルバー仮面」の最大の衝撃を作った監督に話を聞く機会を得られたのはファンとしては最高の喜びである。

農業と映画

——映画の世界に入られたきっかけは？

佐藤　日大の芸術学部を卒業して東京中日スポーツにいたんですが映画の助監督になりたくなり大島渚監督の下に行き、助監督にしてくださいとお願いしました。なぜか大島プロには俳優の渡辺文雄がいました。大島さんからは「今の新聞社は安定しているから辞めないほうが良い。」と断られました。しかし諦めきれず、もう一度大島プロにお願いに行きました。やはり渡辺文雄がいて、やはり断られました。

　どうしても諦められず三度目に大島プロを訪れた時に思い切って「僕の家は百姓をやっているが、映画と百姓は同じだ。百姓は種を植えてもどんな芽が出るか分からない。映画でも何が出来上がるかわからないで作るという共通する面がある」と言ったんです。そうしたら大島さんが面白がってくれて助監督に採用してくれたんです。新聞社を辞める時に文化部の部長から「君みたいな考えの人は今村昌平監督の方が向いてるよ」と言われました。今村監督は自分と同じ土壌を持っていて、とても理解できる映画を作ると思っていましたが、自分にない物に魅力を感じて未知の大島さんに師事しました。

――それで助監督に？

佐藤　大島作品はすぐになかったので、大島さんと付き合いのあった当時ＴＢＳのディレクターだった実相寺昭雄監督のテレビ作品『レモンのような女』の現場に就きました。そこで岸恵子さんとも知り合いました。エキストラが足らないから出ろと言われて「顔が出るのは嫌だ」と言ったら歌う方に回されて歌いましたけど、音程が合わず大変でした。

　大島さんの現場は『無理心中　日本の夏』が最初になりました。その後は大島さんが映画を撮らないときだけ、フリーの助監督として小谷承靖監督のデビュー作『俺の空だぜ！若大将』などの助監督もやりました。実相寺さんの『無常』『曼陀羅』にも就きました。

　その『無常』で予告を作るように言われて作りましたが、モンタージュを使った予告篇を作ると実相寺さんから「分からない。誰かに教わったの？」と訊かれました。ＴＶディレクターにはモンタージュの概念がなかったようでした。僕は大島組では特別に編集室に入れてもらっていたので、編集マンの浦岡敬一さんから多少教わっていました。それで実相寺さんを浦岡さんに紹介しました。実相寺さんは浦岡さんと仲良くなり、以降の実相寺映画の編集は浦岡さんが担当するようになります。『実相寺昭雄監督作品　ウルトラマン』も浦岡さんです。浦岡さんもそれまでやらなかったテレビ作品の編集もやるようになりました。この時作った『無常』の予告が10分くらいになっちゃって、ＡＴＧの葛井欣士郎さんから「こりゃ短篇だよ」と言われて試写を回しました。その時ＴＢＳの名ディレクターだった今野勉さんに「本篇より面白い」と言われたのを憶えています。

――それで『シルバー仮面』に？

佐藤　はい、実相寺さんに呼ばれて行きました。でも助監督で就く事はなく監督としての参加です。

『シルバー仮面』監督として

『シルバー仮面』第9話「見知らぬ町に追われて」

　亡き父が遺した光子ロケットの謎を解くべく彷徨う春日兄妹は、宇宙人に狙われていた。彼らに化けた宇宙人が科学者を殺害する事件が続発。容疑者となった兄妹は指名手配される。

——それで第9話が初監督作品になるという事になりますね。全くシルバー仮面の現場は経験せずに監督を？

佐藤　はい。そうなりました。

——脚本の市川森一さんは同じ日大芸術学部ご出身ですが、面識はあったのですか？

佐藤　学科は違いますが、彼とは同期で、シナリオ教室で一緒でした。言葉が近いので訊いたら彼は長崎で僕は福岡でそれで話も合いました。その頃僕は文芸の方に進みたかったので進路は違いましたけど。

——クリスチャンで知られた市川さんですが、脚本では冒頭の殺戮場面は教会が舞台でした。しかし本篇を観ると墓地の葬列になっています。意図的に変更されたのですか？

佐藤　市川さんはクリスチャンでこだわりがあったのでしょうが、僕は仏教徒でラストも墓地にしたかったので、ああしました。変更する旨伝えたんですが、彼から返事は返って来なかったです。放送が終わっても無かったです。

——僧侶役は山谷初男さんですがノークレジットでしたね。

佐藤　大島組からの付き合いで出てくれました。

——やはり変更箇所で、宇宙人たちが殺戮に使うのが、光線銃からマシンガンになっていますね。

佐藤　僕はアメリカンニューシネマの『イージーライダー』や『俺たちに明日はない』が好きでしたからその影響はあったかもしれませんね。

——なるほどスローなどを多用したマシンガンの銃撃シーンには影響を受けたと思われる演出が見受けられますね。

　それでこの話の問題点のひとつで警察官が富士山に向かって立小便をする場面がありますが、ここも脚本とは大幅に変わってますね。

卒塔婆でドミノ星人を叩くシルバー仮面　©宣弘社

佐藤　これは反権力を表そうとしてああいうシーンにしました。しかしＴＢＳ側からは凄く怒られましたね。

——橋本洋二プロデューサーですか？

佐藤　はい。凄く怒って「警察という国家権力を馬鹿にしてるし、子供に分かる訳ないだろ」と。撮り直せと言われましたが放っておいたらそのまま放送されました（笑）。ただ全部終わってから「二度とＴＢＳでは撮れないと思えよ。俺がいる間は特に」と言われました。

——怖いですね。確かにテーマのない脚本はダメだと言う厳しい事で有名な方でしたが。

佐藤　恐らく僕を呼んだ実相寺さんがカバーしてくれたり、当時売れっ子で橋本さんが頼りにしてた佐々木守さんがいたし、大島さんの存在があったから橋本さんも強く出られなかったんだろうなと今は思いますけど、当時はそんな事を知らないから、大島組の気持ちの全部をこの二本にぶつけましたね。だから随分自由にやれたなと今は思います。

——そしてもうひとつの問題のシーン。卒塔婆で戦う場面ですが、あれは現場の思いつきなんですか？

佐藤　いいえ。ドラマの最初と最後を墓場にしたかったので、丁度良い墓場があったのでロケに使おうと思いました。

——卒塔婆は本物ですか？　だとしたら随分罰当たりですが。

佐藤　まさかそんな事は出来ませんよ。ちゃんと事前にロケハンをして決めているので、撮影の前に、美術の池谷仙克さんに撮影用の卒塔婆を用意してもらいました。

　ただきれいなんで汚してもらいました。あまり綺麗なのはリアルでなくて嫌いなんです。実相寺さんも古

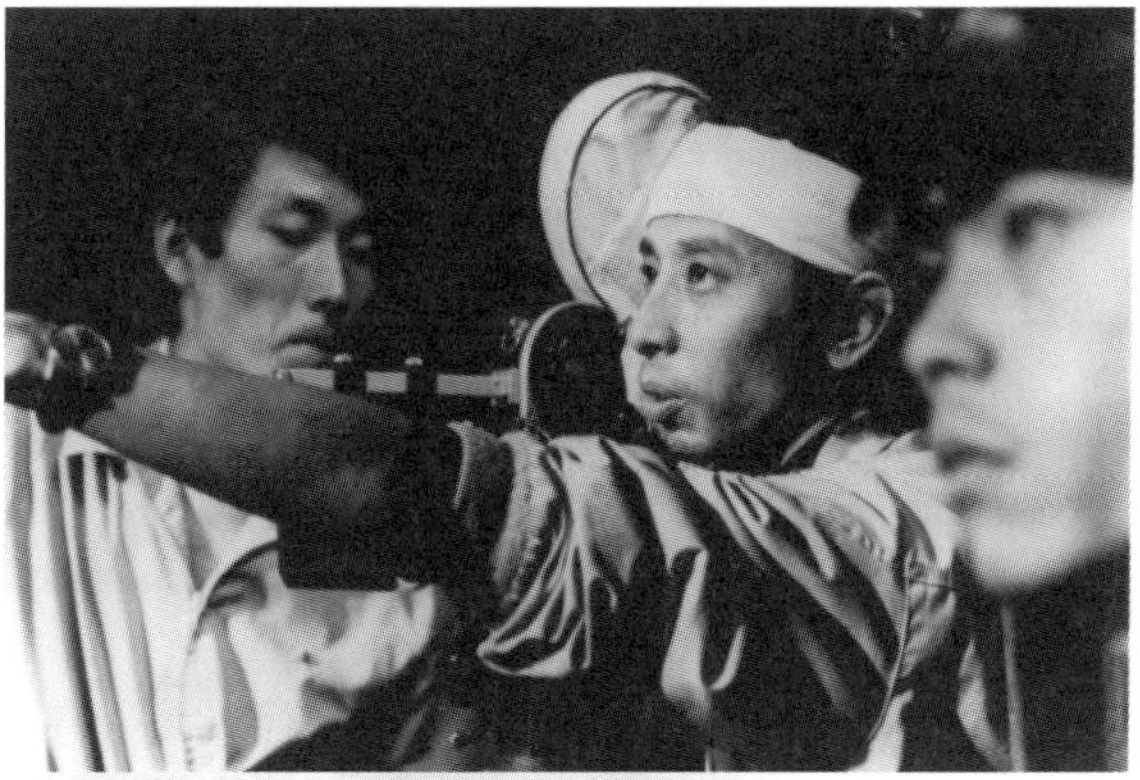

（上）演出中の実相寺昭雄監督　（下）美術の池谷仙克によると、ムンクの『叫び』をモチーフにデザインされたドミノ星人　Ⓒ宣弘社

いのが好きで新しい物は嫌いという点で共通してました。『無常』の美術でお宮があったんですが、綺麗すぎるんで格子戸をちょっと燃やしてもらったら燃えすぎちゃった事がありました（笑）

――ヒーローが宇宙人を卒塔婆で叩くのは凄いインパクトでした。

佐藤　卒塔婆にはパワーがあるので、それを利用して戦ったというシーンでした。

――その戦闘シーンですが凄くキレのあるアクションですね。この作品のカット割りはテレビでなく映画のものだという指摘があります。

佐藤　全篇画コンテを作って撮影しています。逆光も狙い通りです。

――冒頭の刑事部屋はアップがとても多いですが何か理由がありますか？

佐藤　大島さんはアップがあまり好きではなかったんですが、自分はアップには関心があって大事なカットで自分の表現としてアップを使いました。自分の意見を言う為の「佐藤のアップ」にしようと冒頭シーンから多用しました。大島さんは良いとも悪いとも言いませんでしたが。

――あと、それまで大人しかった火薬がこれでもかというくらい爆発しますが監督の指示ですか？

佐藤　いいえ。あれは火薬の担当者が「本当はもっと火薬を使いたいんだけどあまり使わせてもらえない」とぼやいていたので「じゃあ俺の回で思いっきりやりなよ」って言ったらああなった。

――脚本と異なり、ドミノ星人は生き残った一人の変身から断末魔の偽兄妹の合体変身に変更されていますが、やはり何か意図が？

佐藤　大島組では基本的に大島さんは何の指示も何の命令もせず、助監督たちが協力して映画を作る現場なんです。あの四人の合体はその助監督のお互いが力を合わせるというのを反映して変更しました。宇宙人との戦いを描いていましたが、我々も宇宙人じゃないのか？　という思いがあって、我々の周りには宇宙人より悪い奴がいるんじゃないのかというテーマで作っていた気がします。

――まさに反権力ですね。次はそれが益々強くなりますね。

『シルバー仮面』第10話「燃える地平線」

　タイタン星人から追われる春日兄妹は、寒村に逃げ込みライフルの攻撃を受ける。ひとみをさらわれた兄弟は、敵の待つ光子ロケットの格納庫に乗り込む。そこには絞首刑台に立たされたひとみがいた。

――路線変更直前の、言わば等身大篇の最終回にそれまで参加していなかった監督を起用するのは随分重荷とも言えますね。

佐藤　周りはそう言ってましたけど、自分は降板した実相寺さんに『静夫、やれ』って言われてそれっきり。初めての演出でどうやっていいかわからないままやりました。

――実相寺さんからアドバイスのようなものは？

佐藤　なかったですね。「思う通りにやりなさい」って。仕方ないので大島渚のやり方、コピーって言うのはおかしいけど、それでやるしかなかったですね。そもそも大島組の脚本家の佐々木守さんは大島作品の脚本を書くために、みんなで集めてきた題材を自分のテレビ脚本に使って何本も書いていたから「ずるいなあ」と同じ大島組で脚本家の田村孟さんが言ってたけど、それに対して大島さんは何も言わなかったし「なぜ悪いの？」と思ってたし、別にコピーでもなんでも良いと思って演出しました。

――これは前作以上の問題作の登場ですね。

佐藤　この回に宇宙人が人間に化けてライフルを乱射しますが、あれは籠城事件を起こしてマスコミの注目を集めた金嬉老をモデルにしました。

――え、殺人事件を起こして立てこもった犯人ですよね？　どうしてまた？

佐藤　大島プロでテレビを観ていて、金嬉老がライフル片手にマスコミに色々話しているのを見て大島さんが「金嬉老を助監督に雇いたい」と言い出して、「こいつは全て段取りしてマスコミを挑発し利用する事まで考えて事件を起こしている。こういう準備ができる人間が助監督に欲しい」と話していて、そこにいた若松孝二監督と田村孟さんと車に乗って金嬉老のいる寸又峡に行ってましたね。僕は定員外になってしまい留守番になってしまいましたが。

　帰ってきてマスコミから大島さんに金嬉老について何か書いてほしいという依頼が来たんですが「書けない」と一旦断ったんですが、そこでみんなと話している内に「うん、これなら書ける」と連絡して酒を飲みながら原稿を書いていました。大島組はこれなんですよ。大島さんは何の指示もしないけど助監督が準備して知恵を出し合うのが当たり前。みんなで協力して作る。これが印象に残って宇宙人に金嬉老を使いました。

――確かに韓国人風の俳優を使ってますね。金嬉老は何か意味があったのですか？

佐藤　戦時中日本人が朝鮮半島の国民に行った野蛮な行為を反省させる為でした。日本人はライフルで狙われる程の酷い事をしたのだという。

――子供にはさっぱり理解不能ですね。自分も今初めて知りました。タイタン星人が金嬉老とは想像もしなかったです。ただそれを聴いた上で兄妹の叔父さんが旭日旗を背に登場するのも何となく理解できるような

金嬉老をモチーフにしたタイタン星人と戦うシルバー仮面　Ⓒ宣弘社

気がします。あれはどんな意味が？

佐藤　これは軍国主義の中の国家とはなんだ？というのを訴えたかったんです。大島組の美術監督戸田重昌さんが『日本春歌考』で黒い日の丸を出したのが凄く印象に残っていたのもありました。

——更にタイタン星人たちも軍服に軍帽という徹底ぶりですね。

佐藤　やはり軍国主義＝悪と戦うという象徴として使いました。後で色々言われた連合赤軍の要素も入っていました。当時新宿騒乱で壊された駅前交番にあった壊れた時計が大島プロにありました。誰が何の理由で持ってきたかわからなかった。

——若松孝二監督は新宿が地元みたいなものでしたからその辺じゃないでしょうか。

佐藤　いまだに不思議です。そんな雰囲気の時代でした。

——最後に大爆発する絞首刑の処刑台が戦いの場になりますが、あれはやはり佐藤監督も出演された大島組の『絞死刑』からのインスパイアですか？

佐藤　それはあったと思います。この絞首刑台を爆破した時に火薬係に火薬の量は好きなようにと言ってあったけど、火薬が多すぎて日本現代企画のスタジオの扉が吹っ飛んで。そこに誰もいなかったから怪我人は出なかったけど凄かった。

——この『シルバー仮面』の後に他の作品の演出依頼は来なかったのですか？

佐藤　この二本でやり切ったという思いがありました。

——実相寺監督は自著「夜ごとの円盤」で、『シルバー仮面』は失敗作だったとした上で、「私の行ったせめてもの幸徳は、長年一緒に仕事をしてくれた佐藤静夫君を監督にしたことぐらいだった。彼の力を信じた私の眼は間違っておらず、彼の作ったものが『シルバー仮面』の中で最高の出来となった」と語られていますね。

佐藤　この2作品を撮り終えて正月はのんびりしていたら日テレから正月明けにアフリカ・ケニアの野生動物シリーズをやらないかと言われて面白いと思いOKしました。この話を大島監督に話したら「野生動物はいいね」と言われましたが、基本的に大島組が撮影に入る時は大島組に戻ると決めていました。それ以外の依頼はドキュメンタリーで海外にばかりいて連絡が取れなくなっていましたから。あっても知らなかったかもしれません。大島さんもドキュメンタリーの方に行くと言っても何も仰らなかった。

大島組の流儀

——『シルバー仮面』の後が『夏の妹』ですね。

佐藤　そうです。劇中主人公が裸でいる場面が多く僕も現場で裸でいたんですが、裸でいると大島さんは嬉しいらしいんですね。「静夫、いいぞ」と言われました。『無理心中　日本の夏』で京都のセットに入った時、大島さんから「おい、静夫ちゃん」と呼ばれて以来、大島組では今でもこう呼ばれています。考えれば恥ずかしい気もしますが大島さんがつけてくれた仇名を大事にしています。

——劇中石橋正次（同じ宣弘社製作『アイアンキング』の静弦太郎役！）が『シルバー仮面』の主題歌「故郷は地球」を歌う場面がありますが、あれは佐藤監督の指示ですか？

佐藤　違います。脚本の佐々木守（「故郷は地球」の作詞家）さんが打ち合わせの時ずっと口ずさんでいたので脚本に採用されただけで僕は関係ありません。ただ撮影の時、大島さんから「あれ佐藤君がやったやつだよな」と言われて、「はい、懐かしいです」といったやり取りがありました。

　この時ＡＴＧが間違えて僕と（栗田）ひろみの写真を使ってポスターを作っちゃった事がありました。主人公は裸で僕も裸だったので分からなかったようです。誰も気づかなかった。公開前に差し替えが間に合って世には出ていませんが（笑）。

——大島組はいつごろまで参加されたのでしょうか？

佐藤　『戦場のメリークリスマス（以下『戦メリ』）』の準備までやりました。その前の『愛のコリーダ』と『愛の亡霊』は助監督としての参加です。松竹はセカンドの助監督が記録をやることになっていたんですよ。監督のノートを盗み見るんですが「見ない方が良いよ」と言われました。セカンドも必死で脚本からカット割りを予想して準備して行っても、大島さんが「そんなにカット数は少なくないよ」とか言われて現場で増えていく。でも段々予想が合って来るようになると「お考えてるね」と褒められました。

　記録（シートと呼びます）を取っていて役得もありました。『愛のコリーダ』の本番時、現場に立ち会えるのは監督とキャメラマンとセカンドの僕だけ。「本番」と声をかけるとカメラ助手全員が現場を外します。だからカメラのスイッチは大島さんが押さなくてはならなくなったのですが、「よーい、はい」とスタートさせたらスイッチを押し忘れたなんてハプニングがありました。でもこの時愛のシーンを見たのはこの三人だけでした。僕はずっとセカンドだけをやってました。大島さんから「一回くらいチーフやれよ」とは言われていて『戦メリ』では僕を監督補に考えていたようでしたね。

貰った脚本にはデビッド・ボウイのセリアズが障害を持つ弟を重荷に思う自分が嫌になり、若い頃にアフリカで障害のある動物を、この荒野には要らない存在だと射殺してしまい、それを弟が知るというアフリカ篇というエピソードがあったんですよ。僕がドキュメンタリーでアフリカを勉強していて得意だったから、そこだけは任せるからと頼まれていたんです。でも他の撮影が早く終わったのでそのシーンはカットされてしまいました。弟は背中に障害がある設定で、オーストラリアで撮ったんですが、弟のシーンで障害の部分があまり良く写ってないんだよなと撮影が話していましたから、カットしても大丈夫でした。…あそこは弟思いというのと男が好きというセリアズの内面を描く大事なシーンだったんですけどね。

——確かに完成作に厚みを加える大事なシーンに思えます。あれだけじゃ男色の話だけにしか感じないかも知れませんね。

佐藤　大事なシーンだったんですがね。

——ロケ地のラロトンガ島には行けなかった？

佐藤　はい。ちょうどドキュメンタリーの仕事が重なってカナダに行かなければならなかったので。ただ『愛のコリーダ』の切断シーンの後の死を惨く見せないため、死んで動かない象徴として何か動物を顔に這わせたいと言ったので、僕は長野県にいる蛾が良いと思い探しに行ったのですが見つからなくて諦めました。でも今度は「蛾じゃないとダメだ」となって人間のシーンになりました。崔洋一も足の長い昆虫を集めて来ましたが採用されませんでした。『戦メリ』で埋められたセリアズの死に顔を蛾が這うシーンがあり、憶えていて彼の死の象徴として採用されました。凄いしつこさですよ。大島組のしつこさは身についていて僕が北朝鮮の取材に六年もかけられたのはその影響です。

『戦メリ』で憶えているのが、ある時大島さんから僕と大島組で主にチーフをやった小笠原清さんが呼ばれて「『戦メリ』を観てくれ」って言われた。それは大島さんが考えたのでなく、坂本龍一さんが作った音楽を坂本さんの思った通りに付けたフィルムだったんです。「良い音楽ができたから自分が音楽を入れる」と坂本さんが丸々一本のフィルムを作っちゃったんですよ。製作費がかさむのに大島さんはそのフィルムを作る事を許可したのです。それで観たんですが、映像のいたる所にベタで音楽がついていたという感じで。全篇に曲がついているような。名曲となった曲はあまり強調されていなかったように感じました。終わってから大島さんにそう言うと黙して語らず、その後坂本版を却下して大島さんの考えた版で完成作になり公開されました。

――坂本龍一バージョンがあるわけですね。

佐藤　大島組は本当に他の組と違っていたと思います。衣装合わせの日があっても監督は何も言わないでただ衣装が決まるだけ。事前の打ち合わせもない。リハーサルもない。監督は何の説明もしない。本番になって、「よーい、ハイ！」で始まって「はい、カット」で初めてカットの長さがわかるという。しかし大島さんは助監督たちが大島さんに「これどうですか？」といった提案や決断、選択をしてくるのを好みます。また、「僕はどうしたらいいですか？　どんなものを探したらいいですか？」という指示を求める感じだとその場の雰囲気は不快になるだけで取り付く島がありません。皆で知恵を持ち寄るという他の組にないやり方なんですよ。それを大島さんが決めるという。これが大島組でした。『愛のコリーダ』から参加した崔洋一なんかは他の組と全然違ったから苦労したと思います。

＊

佐藤監督と初めて会ったのは監督協会で小谷承靖監督の『我が映画人生』の試写を見せてもらった時だった。勿論小谷監督のインタビュー録画を観に来たのだが、プロデュースをした人が「佐藤静夫です」と挨拶した瞬間に頭が昭和46年になってしまった。小谷監督には申し訳ないがもう小谷監督どころではない。

　ビデオの仕事をしている時、『シルバー仮面』全話をBOXに収めたレーザーディスクを企画し販売した。販売戦略の一環だったが正直言うとシルバー仮面が大好きでまとめて全部観たかったという公私混同のオタク根性丸出しの仕事だった。その中でも異色中の異色作を演出したのが佐藤監督だった。ほんの短い時間にこれでもかという位質問してしまった。監督も面食らっただろう。

それから10年以上経ってしまった。特撮は市民権を得てカルチャーの一部のように扱われるようになってはいたが、佐藤静夫監督を取り上げる本はなかった。たまたまSNSでこの監督作品の話になったのをきっかけに「えーい、誰も聞かないなら自分で聞いちゃえ」と何の前触れもなく監督に連絡してしまった。

再び佐藤監督は面食らったと思うが正直話を聞けて凄く良かった。自分が大島組に詳しくないのでそちら方面は突っ込みが入りそうだが、この『シルバー仮面』の二本の下地に大島渚という日本を代表するクリエイターがいて更に奥深い作品である事に気づく事が出来た。そして益々『シルバー仮面』という作品が好きになった。

佐藤監督には本当に感謝する。このご時世のこんな訳の分からない奴から電話を貰って快くインタビューに応じてくれた。本当に感謝しています。残念なのは自分に大島作品に関する素養が乏しく監督の大島愛を全部理解できなかった事だ。できれば大島渚の研究のプロに佐藤監督の話を記録して欲しい。大島監督が亡くなり荼毘に付されるまでの10日間、舞台でずっとは傍にいられなかった明子未亡人の代わりに亡骸の傍をずっと離れなかった佐藤静夫監督の大島愛を記録して欲しい。更には彼が作ったドキュメンタリーを観られる機会を増やして欲しい。今回のインタビューで佐藤静夫という監督にエラく興味を持ってしまった。

追記　今回SNSで協力してくれた皆さん、ありがとうございました。お陰様で素敵なインタビューになりました。

後記　追記に後記とはいささかややこしくなってしまうのをご了承願いたい。

この原稿を脱稿して少ししてから坂本龍一の訃報が飛び込んできた。

　ほんとに偶然とは恐ろしく、佐藤監督のインタビューに坂本が登場しそれも大きな役割としてとしてというのはインタビューをお読みいただければ理解されると思うのだが、それほどの大ニュースでマスコミも数日はこの早逝の天才の死を悼みこぞって取り上げていたのを記憶している読者も多いだろう。

　ＹＭＯという世界にテクノミュージックを広めたグループのメンバーの一人であった坂本の死はその数か月前にやはり訃報が伝わった同じメンバーの高橋幸宏と併せて悼まれていた。しかし何故かその際に使用される楽曲がＹＭＯ時代の「ライディーン」ばかりであるという不可解な扱いだった。「ライディーン」はＹＭＯの代表曲ではあったが作曲は先に亡くなった高橋の作品であり、坂本を追悼するのであれば『戦メリ』や日本人が初めてアカデミー作曲賞を受賞した『ラスト・エンペラー』を使用すべきだと自分程度の音楽知識の人間でも思うマスコミのいい加減さであった。

　いや、こんな話はどうでも良い。インタビュー内では些か先走った坂本の才気が自らを過信して自ら曲を映画に付けた「俺様バージョン」ともいえる「坂本龍一版戦場のメリークリスマス」を大島プロの負担で作らせた事を少しうぬぼれたかのように書いてしまったが、坂本が亡くなってしまった今こそこの「俺様バージョン」が観たくなってしまった。同じ気持ちの読者も多いのでは？

　確かに初めて音楽を手掛け俳優としても参加した映画に本人の思い入れが強くなるのも当然で、そのある意味先走った生意気盛りの坂本のその生意気さを検証してやるのも遺された我々映画マニアあるいは研究家の役目ではないかと思う。

　この記事が大島プロに届くかどうかわからないが、あの１９８３年に大島プロが製作費を捻出してたった一本だけ作ったというフィルムがあるのなら、それは『戦メリ』を愛した坂本龍一への最高の供養になると思うのだが。ＮＧを出した大島渚監督には申し訳ないのだが。ぜひともこの坂本龍一バージョンの公開をお願いしたい。40年という歳月は残酷かもしれないが是非見つけて欲しい。

　長い後記になってしまった事をお詫びします。


（こせき・たいち）

協力／宣弘社

千恵蔵の遠山の金さんと多羅尾伴内！

最上敏信

「オイ白翁さん！おめえが元の茶坊主にケえったとありゃあ、俺は昔の金さんにケえって、差しっぽの応対をしようじゃねェかァ（右片腕を抜き、遠山櫻を見せる）ヤイ白翁！てめぇよもやこのイレズミを忘れちゃあ、いめェ。キエッ。オウ手前が狐ならオリャア狸だ！互いに化かしてやろうの魂胆で手を握り合った一幕よ。その時てめェが書いたこの詫び状の爪印と刀の指痕を合わせてみりゃあハッキリすらあ。手前も悪党ならいい加減に往生しろい！さあこれ程証拠が揃ってもまだ手前ェ、違う存ぜぬと云い張るのか！それとも白状致すか！さあ、サァ、サァ、サァ怖れ行ったか（白翁、懐から短筒を抜こうとするが金四郎に白扇を投げられ取り押さえられる）」（東映「喧嘩奉行」監督佐々木康　脚本比佐芳武より）。千恵蔵の十八番である御存知「遠山金四郎シリーズ」は一九本で、堂堂たる代表作である。

ここぞ、の場面で主人公の発する小気味よい啖呵《たんか》は、映画の中でも印象に残る重要なシーンで、この場面こそが、シナリオ作家の腕のみせどころになるのだ。

『映画論叢』56号で二階堂卓也氏が市川右太衛門の旗本退屈男シリーズを発表されておられるので、東映もう一人の山の御大、片岡千恵蔵、を改めて徹底的に調べてみた。

最初の遠山金四郎役は実は東映ではなく、一九三八年一二月一日公開、マキノ正博監督、日活「弥次㐂夛道中記」である。以下、公開した時系列の順番で並べてみた。

【〇一】日活「弥次㐂夛道中記」
【〇二】東京映画配給「いれずみ判官櫻花乱舞の巻」
【〇三】東京映画配給「いれずみ判官落花対決の巻」
【〇四】東京映画配給「女賊と判官」
【〇五】東映「お馴染み判官あばれ神輿」
【〇六】東映「飛びっちょ判官」
【〇七】東映「血ざくら判官」

残された映像を探したが、これまでに【〇二】から【〇七】までの六本は放映もソフト化もされていない。（後に東映チャンネルで「女賊と判官」は放映されていたと判明。）

【〇八】東映「勢ぞろい喧嘩若衆」

歌舞伎でお馴染みの白浪五人男。日本駄右衛門に大友柳太朗、弁天小僧菊之助が中村錦之助、南郷力丸東千代之介、忠信利平堀雄二、赤星十三明智三郎に片岡千恵蔵の遠山金四郎が絡む一九五五年の正月映画作品。スターが多く出演しているので、お白洲の場面もなく、顔見世で終わっている感じ。

【〇九】東映「喧嘩奉行」
【一〇】東映「荒獅子判官」

やはり好みの敵役はダントツで月形龍之介、大草能登守（進藤英太郎）では物足りない。

【一一】東映「長脇差奉行」

敵役はまたしても、松井軍兵衛（進藤英太郎）。これでは弱いと思ったのか、今回は御存知、千恵蔵の当たり役である、「國定忠治」と「遠山金四郎」の二役を演じている。

【一二】東映「海賊奉行」

雪翁（進藤英太郎）と青竜の虎（山形勲）と髙木団七兵ヱ（阿部九州男）の敵役は三名。しかもそこに「片目」の金四郎が活躍する。まさに多羅尾伴内の趣向そのまま、である。

【一三】東映「はやぶさ奉行」

初の東映スコープカラー作品。またもや敵役は長岡有楽斎（進藤英太郎）だが、ゲストに侠盗ねずみ（大川橋藏）が参加している。

【一四】東映「火の玉奉行」

「こう粘られちゃぁしょうがネェ。オウお見逃しのねェよう腹を据えてトックリ見ろい。オウ京の都の裁きと思やア粋に砕けた証人ばかりズラリと並べた味せえ判らずこうヤボに出られちゃコッチも肌を脱がニャアなるめェ。オウ板メエ無宿の金さんたァ俺のコッタア！」監督深田金之助、脚本は結束信二である。この結束信二こそは知る人ぞ知る東映時代劇を支えた名シナリオライター。東映娯楽版時代劇の第一作「眞田十勇士三部作」からスタートをして一九六四年一二月二四公開「黒の盗賊」まで、実に一五五本の秀作を書き抜いた。むしろ有名になったのはテレビドラマ「忍びの者」「新選組血風録」「柳生武芸帳」「われら九人の戦鬼」「燃えよ剣」などである。今でも栗塚旭扮する土方歳三のセリフは忘れられない。

【一五】東映「たつまき奉行」

監督はマキノ雅弘だが、お白洲の場面はないものの、いつもの東映時代劇では毎回敵役のハズの進藤英太郎と阿部九州男が二人とも実は金四郎の配下だ、とのオチがある。

【一六】東映「江戸っ子判官とふり袖小僧」

【一七】東映「御存じいれずみ判官」

【一八】東映「さいころ奉行」

【一九】東映「さくら判官」

さらに千惠藏の金さん役の後継者にされたのが鶴田浩二で、それが一九六五年二月二五公開沢島忠監督「いれずみ判官」であった。江戸城内で老中水野忠邦や鳥居甲斐守、榊原備前守とたった三人の面前で、お馴染みのお白洲の啖呵もなく、櫻吹雪の効果も発揮しないまま、一本だけで終了。

実は片岡千惠藏の遠山金四郎シリーズ一九本以外にも一本別の金四郎映画があった。ちくま文庫「マキノ雅広自伝・映画渡世・地の巻」の文中に神戸銀行預金の宣伝映画で一九五一年「銀次郎旅日記」（資料により題名が異なる）である。スチール写真を見た記憶があり、東映関連の書籍かもしれないがどうしても出典を思い出せない。千惠藏の遠山金四郎に、右太衛門の早乙女主水之介の共演だけでも凄いのに、月形龍之介、大友柳太朗、宮城千賀子なども出演しているようだ。日劇で一日だけ試写会があったというが演目を探したが日時は発見できない。今でも日本銀行の奥深くに保存された？幻の逸品、ということになるのだろう。

となると日本映画時代劇の中から「遠山金四郎」は一体何人の俳優が演

じているのかと知りたくなるのが人情じゃネエカァ！

遠山政談他の尾上松之助、文身奉行と遠山櫻天保日記は不詳、花の春遠山櫻三部作は片岡仁引、情熱の火は嵐璃徳、遠山金四郎花の春遠山櫻他の澤村四郎五郎、花の春遠山櫻の阪東妻三郎、情熱の火の市川幡谷、落花の辻前後篇の早瀬進三郎、遠山櫻金さん奉行の楠英二郎、刺青名奉行の大原聖一郎、刺青奉行他の市川百々之助、金四郎半生記の澤田清、若様奉行他の高田浩吉、天保入墨奇談の結城重三郎、天保捕物鬼譚の矢野伊之助、仇討二番原の明智三郎（後の原聖四郎）、刺青判官三部作他の林長二郎（後の長谷川一夫）、染血の鬼面前後篇の海江田譲二、お江戸春化粧他の大谷日出夫、お酒落旗本他の尾上菊太郎、男の唄やくざの掟の結城一朗、花の春遠山櫻の月形龍之介、お酒落判官の水島道太郎、旗本傳方侍他の綾小路弦三郎、踊る百萬両前後篇の杉山昌三九、人情百萬両の南部章三、謎の短銃他の松本榮三郎、弥次㐂寻道中記他の片岡千恵藏、歸つて來た銀平他の近衛十四郎、魔像百萬両前後篇の天津龍太郎、千両判官の本郷秀雄、紫頭巾の市川壽三郎、昨日消えた男他の長谷川一夫、大江戸の鬼他の黑川彌太郎、江戸ッ子判官他の大谷友右衛門、素浪人奉行の市川右太衛門、怪盗まだら蜘蛛他の坂東好太郎、傳七捕物帖人肌千両の若杉英二、御ひいき六花撰素ッ飛び男の小堀明男、鉄火奉行の大河内傳次郎、駕で行くのはの岩田正、次男坊判官他の市川雷藏、唄祭り江戸ッ子金さん捕物帳他の若山富三郎、影に居た男の中村扇雀、弁天小僧他の勝新太郎、伝七捕物帖女肌地獄の澤村國太郎、晴れ姿勢揃い剣俠五人男の森美樹、濡れ髪喧嘩旅他の島田竜三、刺客屋敷の丹羽又三郎、源氏九郎颯爽記秘剣揚羽の蝶の丹波哲郎、橋藏のやくざ判官の大川橋藏、いれずみ判官の鶴田浩二、ほんだら捕物帖の藤田まこと、性盗ねずみ小僧の森竜哉、ねずみ小僧怪盗伝の中条きよし、と五三名までは調べた。恐らく相当な洩れがあるだろうが映画の本数は全部で一一三本である。

片岡千恵藏の遠山金四郎役は、当然テレビドラマでも連続時代劇シリーズや単発ドラマ等となり、これまでに坂東好太郎、夏目俊二、坂東鶴之助、市川新之助、中村梅之助、川崎敬三、市川段四郎、橋幸夫、山城新伍、杉良太郎、西郷輝彦、緒形拳、高橋英樹、片岡千恵藏、栗塚旭、北町嘉朗、里見浩太朗、松方弘樹、近藤正臣、野々村真、梅宮辰夫、古谷一行、大出俊、葛山信吾、唐渡亮、松平健、柴田恭兵、松岡昌宏と受け継がれ尚も続いている。

戦後の千恵藏映画は随分観ているつもりだが正直、戦前の映画はプリントが殆ど残っていないこともあり知らないことが多い。そこで冨田美香「映畫読本・千恵プロ時代」（フィルムアート社一九九七年）を参考にして「片岡千恵藏プロダクション」時代に製作された映画を題名だけだが列挙する。

天下太平記、放浪三昧、愛憎血涙、源氏小僧、仇討流轉、銀猫左門、續萬花地獄第一篇、めくら蜘蛛、續萬花地

獄第二篇、續萬花地獄完結篇、ごろん棒時代、鴛鴦旅日記、足輕浪士、相馬大作武道活殺の巻、繪本武者修業、火陣、殺した人、宮本武藏、愛染地獄第一篇、愛染地獄第二篇、鮫鞘、愛染地獄第三篇、右門捕物帖三番手柄、春風の彼方へ、風雲天滿双紙第一篇、風雲天滿双紙第二篇、渦潮、源氏小僧出現、戀車前篇、諧謔三浪士、逃げ行く小傳次、湖畔の盜賊、忠直卿行狀記、一心太助、御存知源氏小僧、瞼の母、元祿十三年、快俠金忠輔前篇、快俠金忠輔後篇、金的力太郎、男達ばやり、花火、冬木心中、一本刀土俵入、水野十郎左衞門、國士無双、彌太郎笠去來の巻、彌太郎笠獨歩の巻、闇討渡世前後篇、旅は青空、白夜の饗宴、研辰の討たれ、時代の驕兒、元祿檜笠、刺青奇偶、國定忠治旅と故郷の巻、堀田隼人、國定忠治流浪轉變の巻、國定忠治霽れる赤城の巻、三日月笹穂切り、風雲前篇、風雲後篇、渡鳥木曾土産、武道大鑑、風流活人劍、珊瑚重太郎、直八子供旅、足輕出世譚、血煙天明陣、勝鬨、天保忠臣藏、雁太郎街道、斬風三尺劍、利根の川霧、京洛淺春譜、氣まぐれ冠者、情熱の不知火、三ツ角段平股旅新八景、魔風一騎北斗の巻、白牡丹、黄昏地藏疾風轉變の巻、黄昏地藏血河復讐の巻、初祝鼠小僧、江戸情炎史、赤西蠣太、刺青奇偶、女殺油地獄、荒木又右衞門、瞼の母、修羅山彦前篇、修羅山彦後篇、淺野内匠頭、松五郎亂れ星、の九三本がこの本に紹介されている。

『海賊奉行』新聞広告（朝日新聞　昭和32年2月21日）

　片岡千恵蔵の凄いところは、東映時代劇ばかりではなく、東映の現代劇の方でも堂堂たる主役を続けてきたところである。

　「セブンフェイス！七つの顔の男アルヨ。ある時は片目の運転手、ある時は多羅尾伴内、ある時は老外交員、またある時は魔術師の政、ある時は船長、ある時は異国の大富豪、しかしてその実体は、正義と真実の人、藤村大造！」（東映「多羅尾伴内シリーズ戦慄の七仮面」監督松田定次・小林恒夫　脚本比佐芳武より）多羅尾伴内の決めセリフである。実際の脚本を読んだことはないが、昔、多羅尾伴内の展示会に書いてあった説明文には、「正義と真実の使徒」と書いてあった記憶がある。当時、「正義と真実の人」と自称しては可笑しいかなと思ってはいたが、「人」ではなく「使徒」ならばなるほど納得できそうだと思っていた。多羅尾伴内の著書、関貞三氏の文面もすべて「使徒」と書かれてある。しかし今回録画の再生を繰り返すと千惠藏のセリフはすべて「使徒」ではなく、「人」と聴こえるのは気のせいか？マキノ雅弘監督は千惠藏の発声は特徴的であり、思い知ったか!がどうしても「思い散ったか！」としか聞こえないので、その場面で櫻の花びらをハラハラと散らしたという証言もある。余計なことだが片目だと運転免許証は取れないようだ。多羅尾伴内にもまた二代目がいた。日活・銀座旋風児二階堂卓也の中で変装をしていた小林旭である。東映「多羅尾伴内」「多羅尾伴内・鬼面村の惨劇」の二本は劇画が原作であったせいか、それともそんな時代だったのか？続かなかったのは残念である。

現代劇では十八番の「多羅尾伴内」だが大映時代を含め全部で一一本。「七つの顔」「十三の眼」「二十一の指紋」「三十三の足跡」「多羅尾伴内シリーズ第五話片目の魔王」「曲馬團の魔王」「隼の魔王」「復讐の七仮面」「多羅尾伴内シリーズ戦慄の七仮面」「多羅尾伴内十三の魔王」「多羅尾伴内七つの顔の男だぜ」である。金田一耕助も「三本指の男」「獄門島」「〃解明篇」「八ツ墓村」「惡魔が來たりて笛を吹く」「犬神家の謎惡魔は踊る」「三つ首塔」と七本ある。それに加えて、りゃんこの政吉、ブローニングの秀、ダブルの健、月の輪の熊次じつは檀原武夫警部、など、勝手に「にっぽんGメン地獄シリーズ」と名付けた二三本がある。題名を列挙すると「にっぽんGメン」「にっぽんGメン第二話難船崎の血闘」「にっぽんGメン不敵なる逆襲」「遊民街の夜襲」「暗黒街の鬼」「青龍街の狼」「野郎ども表へ出ろ」「恐怖の空中殺人」「地獄岬の復讐」「奴の拳銃は地獄だぜ」「無法街の野郎ども」「地獄の底までつき合うぜ」「一発目は地獄行きだぜ」「俺が地獄の手品師だ」「アマゾン無宿世紀の大魔王」「ヒマラヤ無宿心臓破りの野郎ども」「地獄の底をぶち破れ」「太平洋のGメン」「地獄の裁きは俺がする」「裏切者は地獄だぜ」「最後の顔役」「ギャング忠臣蔵」「地獄命令」と、凄い本数である。

さらに東映映画の興行面でも支え「東映オールスター時代劇」の主演を永く続けた。

「東映創立五周年記念作品赤穂浪士天の巻地の巻」「任侠清水港」「月形龍之介映画生活三十八年記念映画水戸黄門」「任侠東海道」「市川右太衛門三百本出演記念旗本退屈男」「東映發展感謝記念忠臣蔵櫻花の巻」「同　菊花の巻」「血斗水滸伝怒涛の対決」「任侠中仙道」「東映オールスター映画水戸黄門」「創立十周年記念赤穂浪士」「勢揃い東海道」の一二本。千惠藏の時代劇での役柄は「遠山金四郎一九本」「宮本武藏一一本」「國定忠治一〇本」「大石内藏助六本」「机龍之助六本」「清水次郎長四本」「近藤勇三本」等がある。

片岡千惠藏の映画出演総本数は、「ちゃんばらグラフィティー斬る！」の編集版も含めると、全部で三二四本の凄い本数である。

（もがみ・としのぶ）

邪論！正論!!はた快楽《けらく》！③
キネマ旬報、ますます健在なり

浦崎浩實

映画が掌にのる至福、だって！

　そう、宣《のた》まわるのは、誰あろう、脚本家・三谷幸喜氏（朝日新聞の連載コラム、２０２３・１・26夕刊）。

　比喩として言ってるのではなく、ＶＨＳ、ＤＶＤ、ブルーレイ……スマホ、配信と〝映画〟（？）のありようが変異（？）して行く中で、彼がＤＶＤに愛着があるのは、〝手のひらに載《ママ》っているあの感覚〟なんですってさ！　映画のダウンサイジング（？）など異とするにあらず、映画なんて、所詮〝重量〟かいな？

　そのムカシ、映画がスタンダード・サイズからシネマスコープ、ヴィスタサイズ↓70ミリ↓シネラマ……と限りなく大きく、広く大きく、宇宙の無限性に挑むべく（！）、拡大していったものですが！

　シネマスコープなるものを初めて観たわが美少年時、画面が視野に収まらず（たいてい前の方の席で観るようにしていたのだ！）首の左右運動をして観たものだが、それが今や掌サイズ？……（流す我が涙の美しさ！）。

に、しましても、三谷エッセイのハシタッポさ！　ＮＨＫ大河ドラマを書いているらしく、そのＰＲに毎回、余念がない。視聴率、悪いのか？　同番組の書き手として、またまた、お呼びをかけてもらわねば？

　こちとら、ＴＶでドラマを見る（観るに非ず！）ほど落ちぶれておりませんて！　おっと、見たものはありやした。市川崑監督による『木枯し紋次郎』シリーズ、現代ものの『ただいま浪人』は、かかさず見てたか！

　で、三谷エッセイ、「次回は最終回」とあり（２０２２・12・15夕刊）、20数年続いてきたらしいその駄文もついにジ・エンド……かと思えば、ＮＨＫ大河の方らしい。どこまで続くよ、自己愛タレ流し！

　図書館から借覧せし『映画のまなざし転移』（青土社　２０２３、２月刊）をパラパラしていたら〝あとがき〟に曰く、『映画館で映画を鑑賞する行為は、しばしば最後（ゴール）まで見終わった満足感とともに忘れられることになりやすい。しかし「旅の途上」で観る映画は、旅の体験と渾然一体となり、プロセスとして記憶されるのではないだろうか。だから見終えても完結しないまま、脳内上映が続いていく。「面白かったからいつかじっくり見直そう」という気持が残り続ける。』と。

　同書の書き手は斎藤環という精神科医にして筑波大社会精神保健学教授（奥付）で、旅行で携行せしＤＶＤを見るのが一番だとさ。

　いつかじっくり見直そう？　いつかなんて、ナマケモノの遁辞で、いつか、はトワに来ませんて！

　ご自身、映画機能主義者を自認、構わんが、作品としてでなく補助的なもの、つまり、つまみ食い主義者ってとこらしい。

悪口ついでに（悪口苦手のオイラなれど）、次の新刊も図書館からの借覧。『栄光の昭和映画スター』（西川昭幸著）、さくら舎刊）には〝知られざる虚像と実像〟なる思わせぶりなサブ・タイトル付きしが、〝知られざる〟どころか、あらかた世に知られたるゴシップのたぐいの寄せ集め。10名が挙げられているが、むろん、ここには雷蔵なく、錦之助は有馬稲子のついでに触れられているのみ。雷サマ、錦ちゃんはゴシップめいたもののない精華そのもののような俳優でしたものネ！（会ったわけではなけれど！）

10名の内、松田優作は〝孤高の異端者〟だってさ！　孤高でありたかったのに、世間はそう是認せず、イライラしていた俳優、なら正しかったろう。

夏目雅子に至っては〝早逝の大女優〟なんですって！　〝大〟がチョー余計よね。

世には良書もむろん、あります。『50代からの、池波正太郎の食と街』（壬生篤著、ARTNEXT刊）はまるまる映画本というわけではないが、作家・池波が江戸以降の己の源泉の地を求める、これまた〝精華〟なる著書。（図書館からの借覧に非ず！）

それにしても、映画本刊行の多さよ！　売れるの？（どこの世界のことかしらん！）。

訃報もにぎやか！

『芸術家の値打ちの別れ目は、死んだあとに書かれる追悼文の面白さで決まると言ってよい』と三島由紀夫（『目』集英社　１９６５年刊）。至言だろうと思いまする。

オイラ、書きし追悼文を集成、『殁』『殁2』としてワイズ出版から上梓している者なれど（自己宣伝ぽいか！）、ミシマの至言にうろたえずでか！　ゆえに、ヒトさまの文章をあげつらうのも気がひけ気味になるものの（ウソ！）、崔洋一追悼文（朝日新聞　２０２３・１・21夕刊）に爆笑。崔には沖縄を舞台にした作品が多く、自ら在日としての「マイノリティーとしての怒りや誇りは、沖縄への傾倒として表れていた」と。

ほう、代替がきくのね。じゃ、たいした怒りや誇りに非ずか。あのう、沖縄育ち（2歳〜18歳まで）のオイラとしては、〝傾倒〟されてもねェ！（無礼もの！）

マイノリティって気安いぜよ！　お前さんはマジョリティってか！　この記者のごとき、センチメンタルな〝傾倒〟が一番、始末に悪《あ》し！（アサヒらしいけどさ！）

この追悼文は、次の文言で〆られる。「大林宣彦監督のように遺言といえる作品を残してほしかったのだが、かなわぬ夢になってしまった。」

無礼モノ！　無礼モノ!!　無礼モノ!!!　遺言といえる作品って、大林作品が基準なのかね！

瀬戸内寂聴が往時、作家たるもの生前にやるべきものはやっているといった発言をしたが（ミシマの憤死に際し、１９７０年）、さすが僧籍の人！

この追悼文の書き手は、アサヒのトースポ記者こと（つまりオーバーに書く）、石蹴り、おっと、石飛徳樹という編集委員。

この御仁の大森一樹追悼文はさらにケッ作で、大森氏と生前、酒席を一緒したが、会話中、「巨匠監督の作品がほとんど出てこなかった」と〆られる（朝日新聞　２０２３・２・４夕刊）。だからなんだってのさ！　巨匠は自分なんだから、という自負の表明？　ありえなくもないけど（笑）、この追悼そのものが事大主義、権威主義ってことなのだろう！

〝追悼〟（？）といえば、キネ旬の『変幻自在　東映映画の70年』（２０２３、２月上旬号）が、わが東映郷愁をくすぐるところ、まるでなく、ショック！　これ天下の東映のご意向に沿ったもの？　それとも同誌の企み？　ここには天下ご免の向うキズ（退屈男＝右太衛門）ならぬ、天下ご免の東映プライドが感じられませぬ！（今に見ておれ！）

エラいなァ〜キネ旬

皮肉で言ってる？　まさかァ！　正直者のオイラ、心からそう思っておりまする！

同誌の恒例、ベスト・テン発表号（２月下旬号、２０２３）の〝読者賞〟だが、同一受賞者は9回目だそうで、史上最多と（麗々しく）記せり！

ウラを返せば（返すまでもなく！）、マンネリってことではないかいの？　いわば編集部のタイマンを臆せず記せる自己批評の強靭さ（！）に涙さえ催してきません？　その受賞理由の文言が、〝読者〟を超えて、編集部の意向に読めるところが御愛嬌！　読者賞なるもの、文藝春秋あたりが〝走り〟だったか？　同誌の同賞はもう無いが（バカバカしくなったんでせう）、受賞者が毎年同一人だとしたら、信用ガタ落ちになりませんかねェ！　ガタ落ちを恐れないキネ旬の豪気さ！　同誌オーナーの懐のゆかしさ！

この9回受賞者も悪びれず、「10回を目指そうかな（笑）」と、おねだり！　大丈夫、次回は〝特別賞〟とW受賞でしょうよ。

この読者賞、以前は投票数とか、上位5作とかを表示し、〝読者〟という雲をつかむような存在を少しでもリアルにすべく配慮されていたものだが、今は、モンクあっか！　とばかりに投げだすだけ！　〝読者〟は〝利用〟されてませんかァ！　と老婆心までに献言させて下さいませ！

と、駄弁を弄してるところへ、キネ旬誌の月1回刊へ移行の報！　やっぱり！　誌面作り、苦しそうだものネ！

誌名を「キネマ月報」に改名？　現行のまゝでしょうが、誌名に偽りありとこれからも言われ続けるってわけか！

人員整理は？（傷まし！）

（うらさき・ひろみ）

ムッソリーニとヒトラーに会った男

謎の活動弁士　鷗光・森富太

藤元直樹

森富太

鷗光対古書マニア

森鷗光。鷗外との取り違えを誘うかのような、胡散臭さを漂わせた名前だと、誰もがそういった印象を持つのではあるまいか。しかも、その関連著書の中には『趣味の科学探偵』という、ジャック・ロンドンの名を冠しつつ、全くロンドンとは関係のない一冊まで存在する。

昭和の末から平成の初頭にかけて、ジャック・ロンドン研究者、ミステリマニア、ＳＦマニアの面々がこの書物の正体について頭を悩ませていたことは、中田幸子『父祖たちの神々』（国書刊行会、一九九一年）や、長谷部史親『探偵小説談林』（六興出版、一九八八年）にその一端が見える。どうみてもロンドン作品ではないこの書物の正体を、會津信吾氏の協力で突き止めたのは横田順彌氏であった（「『趣味の科学探偵』のこと」〈本の窓〉一九九五年八月号）。

この『趣味の科学探偵』は、活動倶楽部社が一九二〇年に刊行した連続活劇のノヴェライゼーションの紙型を改変流用したものだったのである。

現物確認が出来ていない部分を推測で補いつつ経緯をたどると、当初、訳者名を三木暁風として『ラヂウムの大秘密』『沈黙の秘密』『空中魔』の三冊が刊行され、これらを後続会社である活動社が、同社刊行の〈講談と小説〉の一九二三年夏期増刊に改題（ジャック・ロンドン・白井賢二訳「肉の犠牲」、コナン・ドイル・谷崎敏郎訳「血と女」、モーリス・ルブラン・森鷗光訳「怪女性」）の上、纏めて掲載した後、ここから「血と女」を抜いた形で、一九二六年に文友堂書店が刊行したのが『肉の犠牲』、泰光堂書店がタイトルを改めて一九三一年に再刊したのが『趣味の科学探偵』ということになる。そしてこれらの後刊本では、「怪女性」の作者は、モーリスならぬユーリス・ルブランとクレジットされており、さらに怪しさが醸し出されている。

　当然、森鷗光なる名前も、思い付きで適当に作られた仮名ではないかと疑ってしまうところであるが、活動弁士界から政界に打って出た実在の人物である。

　となれば、その経歴も簡単に明らかになるだろうと踏んで、調べ始めたところ、その事績に関する記録は極めて僅少で、没年も判然としないまま時間だけが過ぎていくこととなった。その状況に一石を投じたのが片岡一郎氏の大著『活動写真弁史』（共和国、二〇二〇年）であった。ただ、鷗光がその名前で弁士として活動していた時期が極めて限定的なものであったことから、同書は、その生涯の全般を追いかけてはいない。力不足は否めないが、ここでは、その前後を含めて辿っていく。

森富太、弁士となる

　鷗光こと、森富太は、一八八三年一〇月二〇日、新潟県新潟市古町通五番丁に生まれる。現在の地図を見ると、同地には国際映像メディア専門学校、日本アニメマンガ専門学校などといったメディア系の専門学校の名前も見えるが、当時から基本的には商店の並ぶ繁華街として栄えて来た町のようだ。

　もっとも早くに北海道に移っているようで、〈雄弁〉一九二四年五月号に「十一歳の時既に堂々たる雄弁家だつた森富太氏」という記事があり、少年にして当地の高利貸とやりあったエピソードが語られている。

　札幌中学卒業とされていることからすれば、札幌尋常中学校（現在の札幌南高等学校の前身）の創立時期の生徒であったことになる。その後、明治大学に学んで卒業したとされるが、一九〇八～一九一〇年の『明治大学校友会員名簿』には名前は見えず、明治大学の映画研究会で特に顧問的に祭り上げられた様子もない。『昭和紳士名鑑』日出新聞社、一九三一年に「卒業前家族に呼び返され素志を貫き得ず」とあり中退後、一九三七年に推薦を受けて一種の名誉校友として同窓生となったようだ(『主要産業別校友名簿』明治大学新聞学会、一九六二)。

藤井誠治郎の『回顧五十年』(一九六二年)には、「氏は頗る血の気の多い傑物で明治三十九年明大在学中、日露講和条件に反対し、桂内閣打倒の国民大会には青年団長として熱弁を揮った程で、その後報知新聞社に入り、更に兜町に株式新聞社を創業して株式市場の報道に先鞭をつけた。」とある。

一九〇七年九月二九日の〈東京朝日新聞〉に「来る十月五日発刊　日刊東京株式新聞　日本橋区坂本町十五番地」という広告が見え、これが藤井の記す「株式新聞」であろうか。

森が活動写真弁士になった経緯について、今村三四夫は〈キネマ旬報〉に連載した「真説映画異聞史」の第九回(一九七七年一〇月一日)と〈映画史研究〉の「映画界ジャーナリズム」の第三回(一九七八年)で触れている。

「新聞社が主催した見本市でやった余興の映画で、映写機の故障が続出したのでその合間をつなぐためにエジソンの機械発明の由来などを語った。それを吉沢商店の河浦謙一が見込んで説明者(弁士)にした。」(〈キネマ旬報〉〈映画芸術〉に連載された「日本映画雑誌史・3」(一九六一年五月)には、もう少し具体的な記述があり、これは日本各地を巡回した、ろせつた丸の船上見本市であつたという。であれば報知新聞社には、一九〇六年に催事要員として採用されたということになりそうだ。地方回りを強いられ、記者の仕事が与えられる見込みが得られなかったことが、転職を決意させたのだろうか。

先にふれた〈雄弁〉の記事には次のようにある。

「森富太氏の細君はもと貴族の出である〔『日本映画事業総覧』によると南部甕男男爵の庶子〕。かつて氏が、当時世の人の所謂説明屋と云つてさげすまれた説明者として立つた時、細君の側の人はこれに驚き、自動車を以つて氏をむかへ、その様な仕事をせずともこちらに来ればもつともつと名誉ある地位を与へようと云うた。けれど元より氏がこれに甘んずる筈はなかつた。『人間は口から食物をとるものである。だから私は口によつて生きてゆく。』氏は何んと云はれてもその自動車には乗ることをしなかつた。『虚偽の生活はいかに華かなりとも私の求むる道ではない。たとへ貧しくとも真実に生きる方がどれ丈よいか知れぬ。』」

活動弁士が真実に生きる道だと言われてもピンとこな

いところであるが、「妻君にも、決して貴族的の生活を送らせることは許さ」ず、映画館で切符売りをさせたと誇らしげにこの記事は伝えている。

弁士としての活動は、おそらく一九一〇年の半ば、浅草の美音館ではじめられている。七月発行の〈活動写真界〉の読者投稿欄には次のようなやりとりがある。「此の頃美音館へ来た眼鏡スモールハイカラ君の名前が承り度候説明もスタイルも万更馬鹿にしたもんでもないが惜むらくはスモールだままになるなら櫻水君と一つにして二で割つてほしい（寅彦）／美音館の弁士を御紹介致しませう即ち森鷗光君であります」

同じ号に「場内を引締めて見物を思ふが儘に、泣したり笑はしたりする事は余り得意ではない清水の方は人物の対話などに能く其性格を写して居る、森の方は客観的説明の方に聞ける処がある」と後に、徳川夢声の師匠となる同僚の清水憲二（霊山）とまとめて評した言葉がみえるが、六月発行の〈文芸倶楽部〉一六巻八号掲載の「活動写真の弁士」に言及があることからすれば、春過ぎには美音館に登壇していたようだ。

美音館はこの年の正月に開業した小屋で音曲等の出し物に交えて活動写真の上映を行っていたが、あまり評判は芳しくなく、〈文芸倶楽部〉でも「浅草の活動写真の内で、此館くらゐ入りの無い所は無い。あの狭い館内が満員になつたと云ふ事は殆ど有るまい、写真の種が悪いのか、それとも弁士が拙劣なのか」と評されている。同じ記事で森は次のように書かれる。

「吉澤商店が僕を選んで此館の弁士にしたのも、畢竟は僕の技両を信じて、此の頽勢を救はんが為で有るとは、彼の自惚れ気焔である。斯う云ふ傍若無人の気焔を吐く彼れは、数年前の明治大学の卒業者だ。法律を棄てたか、若しくは棄てられたかした彼れは、新聞記者にも成つた。自分で演芸に関する新聞をも出した。而して、最後に活動写真の弁士になつた。斯う云ふ経歴を有する彼れは、大きい抱負を持して、向ふに敵無きが如き大言壮語を放つて居る。いかにも盛んなものである。然れども、弁士振りが必しも其の大言壮語に伴ふものでは無い。まだまだ勉強が肝心である。」

森は〈活動写真界〉八月二五日号に掲載された「優秀弁士投票」で二九票を得て五位を占めている。もっともトップの中川常誠は五二六票で、三位までは三桁の票を得ており、四位染井三郎の四二票はともかく五位以下は団栗の背比べといったところであったが、票数が一三票に留まった同僚の清水にとっては面白くない結果であったといえよう。

この辺りが淵源となっているものかどうか、吉田智恵男の「活弁の歴史」には「どういうものか森と清水は仲が悪く、とうとう清水は美音館を止めてしまった。吉沢商店では清水霊山の後がまとして、入ったばかりの林茂を美音館に送った」（〈映画史研究〉五号）とある。

〈活動写真界〉に出た一九一一年の美音館の新年挨拶広告には森、清水の名前が並んでいるが、ほどなく清水は、この正月に開館した第二福宝館に移ったという。

一方、美音館ではこの年、日本興行株式会社による買収騒ぎが持ち上がり、年末に同時に買収された富士館へ吸収されている。

この時期の動静は摑めていないが、翌一九一二年にはオペラ館に移っていたようだ。そしてこの年、様々な思惑の下、有力な四つの映画興行者（吉沢商店、横田商会、M・パテー商会、福宝堂）の企業合同が進められ、日活（日本活動写真株式会社）が成立し、森もその傘下の弁士となったわけである。

森は、この年、桑弓堂から『琵琶劇十曲』を刊行。ただし、名前は鷗光・森富夫とクレジットされている。

〈二六新報〉に、匿名（XYZと署名）連載された「群小書肆と群小作者」は、二流出版社、二流作家を揶揄した風聞集で、これは内田魯庵の手になったものとして、その全集に収められている。

一九一三年八月一二日の第三回は、弁士を俎上にのせ、ジゴマのノヴェライズを出した小山敏に続けて、森に触れる。

「お次に弁士として作者の真似をやつた先生はオペラ館の森鷗光先生、森鷗外先生とたつた一字より違はないので、鳥渡田舎出の書生などを吃驚さすが、ナニ当人別に悪気があつて付けた名前ではない、――さて此の鷗光先生、如何なる作物を如何なる本屋から出版して居るか。此の人も小山君同様活弁として、多少公園のキイちやんミイちやん輩に知られて居る名士であるから、御多分に漏れず、「ジゴマ氏奮闘録」と言つたやうな作を公にして居るだらうと、鳥渡誰れしも爾う想ふであらうが、事実は大に相違して居る、此の人の作は驚く勿れ「琵琶劇拾曲」と銘打つたる大作である。」

これは、一九一二年四月三日から、オペラ館が永田錦心の弟子で琵琶を習い始めて二年九か月目という古市射水に、琵琶劇の開祖と銘打って、同館の女優を使って在来の琵琶歌で舞踊に出来るものを次々と舞台に上させた、その脚本を纏めた一冊であった。

　翌一九一三年一〇月、待遇改善を求めての弁士ストライキが挙行される。六日に始まったというこのストライキについては七日の〈読売新聞〉、〈都新聞〉などにその報道が見える。森鷗光もその首謀格だったのだが、たちまち切り崩され、最後まで残った森たちは、日活系の劇場から追われ、森一門は名古屋へと落ちのびることとなる。

　そのストを、あっさり返上したのが森のライヴァルであった清水霊山であり、その弟子として、指示を受けていた後の徳川夢声である。単行本となった夢声自伝では、昭和の武蔵野館をめぐってのストライキと、大正のそれが、切り分けられて別々の箇所に収まっているが、元々の〈新青年〉での連載「くらやみ廿年」（続一〇・一九三五年八月号）では同時代の前者を語りつつ、後者にも触れるという体裁で、森の話が挟まっている。

　「市会議員森富太氏、その当時はオペラ館の弁士で、ストライキ側の急尖峰であつたのである。見習だつた私なぞは、氏の眼中になかつたやうであるが、氏が第二福宝館の楽屋へ私の師匠を訪れてストライキ参加を、勧説した時の姿が今でも歴々と、私の眼底に残つてゐる。」

　これは、キネマ旬報の主催で、「映画人古老座談会」なるものが日比谷の山翠楼で開かれ」駒田好洋、鈴木要、西川源一郎、田中栄三、森富太が集められ、司会者として夢声が参加した際にストライキ談が出たことから思い起こされた話だとあるのだが、この座談会は、いつどこに発表されたものか見つけられていない。

　森がいつ名古屋入りしたのか、はっきりした日取りは摑めていないが、一九一四年二月発行の〈キネマ・レコード〉にオペラ館から太陽館に移ったことが報じられており、新年は名古屋で迎えていたのではないかと思われる。

　四月の〈キネマ・レコード〉は「家庭に於ける鷗光と

太陽館の広告

其の門下生」という写真を掲げ、南鷗州、小川鷗春、永根鷗波、橘鷗風、五月鷗泉という五人の弟子の存在を示している。こうした記事が出ていることからすれば、森と、同誌には深い繋がりがあったはずだが、その背景はよくわからない。

弁士個人の広告が、ほぼ見られない中、一〇月には館主と連名での一頁広告（山口鷗盟、金井鷗声、林鶏華が門下に加わっている）を、翌年一九一五年の正月には新年挨拶の広告（写真入半頁・森欧光となっていた）を出すなど、ここで精一杯のアピールがなされている。

同誌七月号の名古屋通信には「聞けば佐藤館主と弁士森鷗光との仲も面白くない様な話で彼れも愈々帝都へ逆戻りするとの事である」八月号には「太陽館は森鷗光が帝都へ去つて後五月鷗泉がその後任となり…」と見えるのだが、まだほとぼりは冷めておらず、この時点では、東京帰還は果たせなかったのではないかと思われる。というのは、翌一九一六年四月号に「萬松寺裏に新設されし遊楽館は、森鷗光を主任弁士として去月十五日に開館の式を挙げたり」の一文が見えるのである。

森が東京に舞い戻った時期も判然としないが、一九一七年に警視庁が弁士の免許制を導入した際のリストに名前があることからすれば、同年の夏には東京で活動していたことになる。

板倉美爾緒は、この時期に森は、古フィルムを利用した、名刺入、煙草入、栞などといった商品を開発して利益を上げていたというのだが、現存しているのだろうか。

帝國館を拠点に雑誌界へ

ともかく弁士稼業から劇場運営の方に仕事をシフトさせていったようで小林喜三郎の帝國館の支配人として、そこを拠点に雑誌作りをはじめたのが一九一八年末のことである。

帝國館

国立映画アーカイブでの帝國館プログラムの調査の経験を踏まえ『映画館と観客のメディア論』（青弓社、二〇二〇年）として、映画館で配布される「プログラム」という媒体を検討し、映画経験にアプローチする研究を上梓された近藤和都氏に、何かご存知のことがないかお訊ねしたところ、一九一八年一一月二日のプログラムに、〈活動評論〉の創刊へのエールが寄せられており、投稿者は森と「日比谷原頭の大会」で会ったことがあると記されていたことを御教示いただいた。何やら、日露講和反対のくだりの傍証となりそうな情報であり、気になるところである。

なお、長谷川伸は、都新聞の記者時代に、帝國館支配人であった森を取材して映画ネタの記事を書いていたという回想を残している（「新聞の昔の映画記事」〈映画時代〉一九二八年三月号）。

一九一八年一二月に創刊された〈活動評論〉は、当初発行所を浅草帝國館におき、同館の機関誌の域を出ず、扱われる映画も、ここで封切られるユニヴァーサル映画に絞られていた。そこに〈活動之世界〉を脱退した鈴木笛人等が加わり、内容にも幅が出て、更に〈活動之世界〉の廃刊が追い風になって、大正末の代表的な映画雑誌として成功を収めることになる。翌年九月に〈活動倶楽部〉と改題、森岩雄を評論家デビューさせるなど、一九二三年、関東大震災で被災するまでが最盛期だったといわれる。

一九二七年一一月まで続いたという〈活動倶楽部〉のあらましは、一九三〇年一〇月に〈キネマ週報〉に発表された木挽町人「映画ジャーナリズム盛衰秘史」の七〜八回に見える。木挽町人は、欧州大戦後の好景気に乗じた出版界未曽有の好景気で、その売れ行きの良さに慢心して、「オペラ、面白世界、その他の娯楽雑誌数種を発行し、天晴れ出版王を夢見やうとして、遂に大破綻を招来せしめた」と書くのだが、この大破綻というのがいつのことであったものか。

〈オペラ〉については浅草オペラの研究家である中津川祥子による調査があり、一九一九年六月に〈オペラ評論〉として創刊、奥田信太郎の出していた〈オペラ〉を合併、そちらの題名を継承して、関東大震災後の休刊時期を挟んで一九二四年七月までの刊行が知られる。

一九二二年四月に〈活動公論〉、五月に児童雑誌〈少年少女—面白世界〉を創刊、前者は六月の三号、後者は一九二四年の七月号までの刊行が確認されている。〈面白世界〉は最終的には一九二三年六月に創刊された〈講談と小説〉と合流したものか、一九二五年正月号の広告では、児童雑誌の面影はなく、講談雑誌化していたことが見て取れる。

出版社の屋号は、活動開始の時期には活動評論社、一九二〇年に活動倶楽部社、一九二三年七月に活動社と改められているようだが、旧名も適宜使用されていたようである。また妻の森菊枝名義で一九二三年一一月に創刊された〈松竹画報〉の発行元は松竹画報社となっている。

森富太自身は市会議員となった結果か、それを目指して活動していたためか、東京書籍商組合でそれなりに存在感を示していた。にもかかわらず、今日、関連出版物の多くの伝存が確認できず、その全貌を知るのが困難となっているのは、興行の世界にいたことから、その出版物の多くを赤本に近い形で流通させたためであろうか。

なお、『日本映画発達史』の著者として知られる田中純一郎は、学生時代、野依秀一の〈真宗の世界〉の編集の仕事をしていたが、震災でその仕事がなくなり、活動倶楽部の編集仕事に転じている。

田中は、「毎日昼と夜は社長夫人じきじきの手料理で食事が出たのが珍しかった」（『日本映画史発掘』冬樹社、一九八〇）という感想しか残していないが、これは逆に、初期の〈活動倶楽部〉が若い書き手の力を得て成功を収めた背景に、この「胃袋をつかむ」システムがあったことを示すものかもしれない。

さて、震災で映画界は深刻なダメージを受けたわけであるが、森はここで出版活動に力を入れたようだ。活動社は、東武郎『関東大震災惨話と悲話』、〈講談と小説〉の増刊として『関東大震災画帖』といった機に乗じた出版物を世に送り出した他、此の際心得置べし叢書なるものを創設、『金銭物件貸借の秘訣』、『腕一本の成功法』と、森の著書を立て続けに上梓している。

これが奏功したものか、年末に「オペラ館の大改革」と、二十万円でユナイテッド・アーチスツの特約封切館の権利を得て、併せてマキノキネマの封切館ともなったと〈読売新聞〉が報じ（一二月二七日）ており、田中純一郎はこれを宣伝すべく奔走し、その中でマキノキネマの新しさを見出して行くことになる。

これによって集客力を大幅に増大させた森は、一般観客から新名称を募集する懸賞を始める。一等金時計、二等銀時計、十名に入場十回分の回数券と謳われた懸賞は、結局、オペラ館の名前に愛着があるという声が多かったとして、四月に至って、館名に内容を寄せる改革をすすめ、警視庁の認可を得て劇場となし旧根岸歌劇団の幹部其他を以て森歌劇団を組織しオペラ・ハウスとする事が発表される。

背景は不明だが、当然、ユナイテッド・アーチスツとの特約の権利の移譲の問題が生じているはずで、この時期の劇団設立、選挙戦出馬という派手な動きからすれば、高値で売り抜くことに成功したと見るべきか。もっとも歌劇団の活動は結局定着せず、一一月末から帝國キネマ作品の上映がはじまるわけで、それまでが、オペラ館のオペラ時代ということになろう。オペラ関連については近年盛んな浅草オペラ研究に譲る。

政界をめざして

この時期から、森の政界への挑戦が始まる。自身の映画誌、オペラ誌とも、森は大所高所に立った論説を巻頭に発表するのみで、ファニッシュな雑報等を手掛けず、社会の木鐸のスタイルを貫いており、政論記者が政界に出ていくが如く、第一五回の衆議院総選挙に打って出たのである。

板倉によれば、名古屋行以前、既にオペラ館の三階で、肩をいからせ「俺は社会学の研究と演説の練習のため弁士になつてゐる…見てゐろよ、俺が一と度手を挙げれば国民は皆俺の馬前に集つてきて俺を議政壇上に送るから…」と嘯いていたという。

第一五回の衆議院総選挙は一月三一日に公示されているが、森の選挙活動が新聞で確認出来るのは三月の末あたりからで、オペラ館の運営方針の転換と軌を一にしているようである。

三月三〇日の〈読売新聞〉は実業同志会から推されて浅草興行界の名物男として知られた森が立候補したことを報じ、早川雪洲帰朝時の歓迎会に黒龍会の壮漢が乱入したのを弁舌で撃退したという逸話を紹介する。

オペラ館の出し物の新聞広告には、森富太直営の文字が加えられ、四月からは、館で毎晩政見発表の独演会を開き、演説に先立って「醒めよ有権者」という映画を上映するなど、メディアを駆使した選挙戦が試みられている。森が「醒めよ有権者」の製作者であるかのように書かれた新聞記事もあるが、これは武藤山治が幸内純一に作らせた選挙用の映画である。『武藤山治全集』は、武藤のPR映画の台本を収録しているが、一九二五年の統一検閲実施後に再度検閲を受けた際の日付をその製作時期として採用しており、おそらくそれを典拠とした『日本アニメーション映画史』でも、同作品の製作年代は実際より一年ずれている。

大阪では選挙法違反として上映禁止となったというが、東京では四月三〇日に丸の内で試写があり、森がそれを利用しているわけであるから、この新しいメディアの扱いについては取締側もまだ模索段階であったようだ。

その結果はまさしく惨敗であった。森の出た第七区（浅草）の当選者は頼母木桂吉、安藤正純の二人で、次点となった伊藤仁太郎まで三千票以上獲得しているが、森の得票数は九〇。ここは制限選挙に責を帰し、森がその言葉を届けることが出来た浅草の大衆に選挙権がなかったと見て慨嘆すべきところであろうか。

これが起因となったか森歌劇団も尻すぼみに消滅、翌年三月にはオペラ館の名前も一旦消え、浅草劇場として演劇中心の興行が続けられるが、一九二九年あたりから名画座として低価格で映画がみられる劇場として客を集め、同年六月には松竹直営の映画常設館となる。もっとも劇場の権利は、森にあったようで、一一月一七日の〈東京朝日新聞〉に出た「浅草の興行組合　近く一せい値下げ」という記事で、浅草劇場経営者として、値下げで、かえって好成績を収めている旨の談話を発表している。

一九三一年にオペラ館の名前が復活しているのだが、この時点でも森が経営者であったのかどうかを知る資料は見つけられていない。

選挙後の森の動静として知られるのは、一九二五年一月十日夜、日活による帝國ホテルでの新入社の女優披露の会で、これから広告に費用を惜しまないという宣言に映画世界社長の橘正治と一緒になって大はしゃぎしていたこと（〈キネマ旬報〉二月一日号）、同年二月に著書『誰れにも出来る成功の近道』（現物未見だが、おそらく「此の際心得置べし叢書」の二冊を合本改題した再刊本）を刊行したことである。

また、一九二六年七月三日の〈読売新聞〉は演芸興行に際しての、興行側と演者の仲介組織の設立が企画され、その主唱者を森と伝えている。社名は東京演芸株式会社と命名されたというが、続報もないため、実際に成立しているかどうかは判然としない。この報道のあった日に、かつての映画雑誌界の覇王とも称された〈活動倶楽部〉が、すっかり影が薄くなって出たり出なかったりするほど（と〈映画往来〉一九号にある）に衰微したことを惜しんで、同誌に関係した人士を集めた森を励ます会が企画されている。これは、会する者六十余名の盛会となり、森は久しぶりで「例の怪弁」を振るって来会者を嬉しがらせ、読者代表の古川緑波が弁士声色を披露して来会の花井秀雄、駒田好洋を驚かせたという。

　とはいえ、衰勢をどうすることも出来ず、十周年を迎えた一九二七年で〈活動倶楽部〉は途絶えることになったようだ。

　翌一九二八年は普通選挙となった第一六回の衆議院総選挙の年であるが、森は立たずに終わり、〈国際映画新聞〉は「普選々々わが映画界よりも大いに議政壇上へ出馬して貰ひたいものだが、斯界は昔から花より団子主義の面々、仲々飛出さぬ。映画界の名物男森富太クン今度はスツカリ自重してゐる」と記した。

　そして一九二九年、森は民政党の支持を取り付け、東京市議会議員選挙で一五二六票を得て下谷区の七位（最下位）当選を果たす。戦前は公職兼務が可能であったことから一九三二年の東京府会議員選挙に出馬、三四九五票（下谷区三位）を得て当選、一九三三年の市議会改選で二三四二票（下谷区二位）、一九三六年の府会改選で四一九四票（下谷区一位）とキャリアを重ねるが、一九三七年の市議会改選では一九四七票（下谷区五位・最下位）と下落傾向を見せる。それにもかかわらず、第二〇回の衆議院議員総選挙に出ているのは、民政党から何らかの指示があったものか。結果は、二六八八票（第二区七位・最下位）で落選。第二区当選者は最下位（五位）でも九千近い票を集めており、六位で落選した候補も七千票以上得ていることからすれば、この時も惨敗であった。

　ともかく戦前の選挙出馬はこれが最後となったようだ。戦後、一九五〇年の参議院選挙（地方区・東京都）に出ているが、これまた供託金を没収されるレベルの惨敗（七八九八票）であった。

　さて、その議員活動であるが、議事録等を一つ一つ改めずとも『東京市会史』を広げれば、どういった建議に名を連ね、どういった動議を出しているかがたどれる。今日改めて興味を惹かれる案件を見出すことはできていないが、映画興行界、出版界の人間からは業界の利益代表として陳情を持ち込む相手として重宝されていたようだ。映画界では特に、観覧税、興行税の撤廃運動の推進者として期待を寄せていたようだ。

　添田唖蟬坊の『唖蟬坊流生記』（古野書房、一九四一年）に「「浅草の会」に加わり、多くの人に逢つた。松崎天民、小山内薫、権田保之助、橘高広、立花寛一、阪本紅蓮洞、高田雅夫等々。小生夢坊、金子洋文、高田保、市川彩、森富太、五九郎、水野好美、木内末吉も皆その仲間であつた」とあるように、国際映画新聞の市川彩とは浅草時代から交流があり、市川は、森を業界代表と目して推している。

その市川が手掛けた映画年鑑（日本映画事業総覧、国際映画年鑑）は劇映画以外の公報、教育映画等にも目配りがなされており、朝日新聞や第一書房によって作られた年鑑類とは一線を画す、研究上大変有用な資料となっている。特に、『日本映画事業総覧』の一九三〇年版は、「全国非興行用映写機所有者名簿」を載せており、これによって当時、どのような官庁組織、諸団体が映写機を所有していたのかを知ることができる。これは、映画製作者のセールス先のリストという意味合いが強かったはずで、ライブラリからのレンタルとともに、市販フィルムの購入があり、さらには、機関独自のフィルム製作が行われていた可能性が高い。

映画保存、失われたフィルムの発見の試みとして、アンケート調査により全国の博物館等に残された資料の掘り起こしが進められているが、ここに出てくる諸機関（そしてその後継、あるいはその資料の移管先）の探索がなされるべきではないか。フィルムは残されていなくとも、映画利用に関連した文書資料の発掘だけでも意義があるはず、といった話をしたことがあるのだが、中々、そう簡単には予算を獲得してプロジェクトを興したりはできないようである。

この総覧はこの版を最後に中絶するが、その後、『国際映画年鑑』として一九三四年版が出ている。同書には文化映画調査委員会による「中央官公庁団体・産業会社文化映画利用状況」というセクションが設けられており、未回答の場合もあるが、責任者、機材、予算、在庫数等が掲載されており、所蔵フィルムリストを示した機関の中には陸海軍まで含まれている。

森は東京府市関連調査の担当者としてこの委員会に組み入れられている。委員会の全体像については〈国際映画新聞〉一九三三年六月二〇日号に出た「映画国策樹立の第一次的計画文化映画調査委員会設立さる」が参考になる。各界から人を集め、根回しをして、きちんとしたデータを得る体制が準備されていたわけである。

一九四〇年東京オリンピック招致

さて、議員としての事績から一つ取り上げるとすれば、一九四〇年東京オリンピックの招致活動になるだろう。

招致委員として一九三二年のロサンゼルス・オリンピック、一九三六年のベルリン・オリンピックに赴き、二度までも世界を一周し、それぞれムッソリーニ、ヒトラーとの対面を果しており、極めて印象的な旅となったことは想像に難くない。

ところが、これらに関して本人が残した記録は殆ど見あたらない。一九三六年のものに関しては、〈都新聞〉と一九三七年一月一八〜二一日に出た「欧米映画見物」と同年三月の〈雄弁〉に見える「欧米各国見て歩き」の二件、一九三二年については、強いて言えば、翌年一月一日の〈国際映画新聞〉に出た「世界一の悪税興行税を廃せ」の中に多少の言及が見られるといったところで、それ以外、全く確認出来ていないのが現状である。

春洋丸船上の特派使節『オリムピツクを東京へ』（市政講究会、1934　写真右端が森富太）

一九三二年について〈読売新聞〉一九三二年七月一五日夕刊は「40年オリンピックを東京へ」として、「第十二回オリムピツク大会を東京に持つて来る運動のため東京市会議員」一行が、一四日東京駅で市長以下の見送りを受け、同日横浜から出発したことを報じているが、その後の状況を伝える記事は見あたらない。

便船はロサンゼルス・オリンピック会期に合わせた最終の特別船で、大会目当ての観光客で満員だったといわれる春洋丸である。二二日にホノルルに寄港し、二九日ロサンゼルス到着。

留学経験者で英語に堪能であった笠井重治を団長格にした東京市会議員団は、森の他、寺部頼助、古島宮次郎、桑原信助という顔ぶれであった。三〇日〜八月一四日の会期中に関係者への働きかけがなされ、ジャパン・ナイトと銘打ったレセプションが催行されているはずであるが、詳細は不明で、親日家として協力が期待されていたフェアバンクス、ピックフォード夫妻やチャップリンが実際に動いているのかどうかもよくわからない。

使節に対して示された辞令には、欧米各国に於ける都市施設の視察と国際オリンピック大会施設の視察が示され、寺部、森には両方が、古島、桑原に前者のみ、笠井に後者のみが嘱託されている。笠井は会期後、他の四人とは分れて満洲問題に関する講演を米国各地で行って年末に帰朝している。

　この外遊について記した書物として桑原信助『観てきた欧米』（東京毎夕新聞社出版部、一九三三年）があり、寺部頼助『オリムピックを東京へ』（市政講究会、一九三四年）にも、関連する記述がある。前者には、笠井を除いた一行が会期中の九日に東部へ向かった様に記されているが、寺部は閉会までロサンゼルスに滞在し、ワシントンで他の三名と合流したとする。そして、寺部はモレタニア号でヨーロッパへ渡る途上、欧州各地へ帰る選手、役員と接触を図り、日本開催への理解を求め、渡欧後も各国をめぐって、関係者に働きかけを行ったことを記録している。

　一方、桑原本は、辞令が都市視察を主眼としたものであったためか、オリンピック誘致に奔走する様をほとんど語らず、実際に催行されたのは、視察という名の大名旅行であったかのように思わせてしまう見聞記となっている。とはいえ開催国候補の中での最大のライヴァルであるイタリアにおける行動について寺部は殆ど触れておらず、一行がムッソリーニとの会見を目指し、アポイントメントが取れず、時間切れが迫る様子は桑原書にのみ見える。結局一同は、一〇月一三日の夕刻に短時間ながら会見の機会を得て、翌日ローマを離れ一六日にナポリから香取丸に乗り込み、一一月一九日に神戸に帰還している。

　一九三六年の外遊に際しては、議員団の内、中塚栄次郎、畔高定行、一又安平、花村四郎の四人が七月七日に、そして一一日に長野高一、森富太の二人がそれぞれシベリア鉄道経由でベルリンへと赴いたことが記録されている。

　欧米社会に特別な影響力を持たない市会議員の一団が、開催地決定の投票時に現地入りしたところで、誘致の役に立つ訳ではなく、成功時の答礼要員としてダメ元で待機させられることになったということになるが、ナチス肝いりのベルリン・オリンピックに臨席出来たことに不平を漏らす余地はなかったであろう。

　花村が『最近の欧米を巡りて』（信陽書院、一九三九年）という一書を上梓しており、これがこの欧米行の記録なのであるが、個人としての記述に終始しており、他の議員の動きはよくわからない。どうも、一団となって行動していた期間も限定的であったようだ。また、この書物は帰国の日付を一一月一五日としているのだが、実際の帰国は、その丁度一か月前であったはずである。理由は不明だが、これは単純なミスではなく、他の日付も操作されており、典拠としては利用できない一書となっているので厄介である。

東京開催の決定を受け、議員団はオリンピック会期中の八月一二日、官邸にヒトラーを訪れ、事務方の磯村英一が持参した羽織袴を贈呈し、最年長の中塚が挨拶を述べたという。議員達は自由に総統と記念写真を撮ることが出来なかったため、翌年の市議選に、虎の威を借りんと（ヒトラーだけに?）、横に写っている人物の首を自らの物にすげかえた挨拶状を配った議員がおり、選挙後、経歴詐称で起訴され罰金刑を受けている。調べればわかることだが、これについては名前を伏せ、森ではなかったことのみ付言しておこう。

この後、各議員はヨーロッパ各地を歴訪しアメリカ経由で帰国する。サンフランシスコを一〇月一日に出港した浅間丸で一五日に中塚栄次郎と花村四郎が帰国したことは、一六日の〈都新聞〉に報じられており、畔高定行と一又安平は、嘉納治五郎と共にサンフランシスコを一〇月二九日に出港した秩父丸に乗船して一一月一二日に帰国したことについては各紙が報道している。

帰国の時期がわからないのが、長野高一と森である。〈国際映画新聞〉の一一月二〇日号に森が一一月六日（見出しでは九日となっている）観覧税課税反対全国興行者大会で興行界の進歩の思い出話と課税反対のための結束の必要性について語ったことが見えることから、秩父丸及び、そのひとつ前の大洋丸（一一月五日着）ではあり得ず、その前の浅間丸、あるいは事務方で招致委員となっていた草間時光が乗船していた龍田丸（九月二四日着）が候補となるのだが。

この二度目の洋行に関して発表された「欧米映画見物」「欧米各国見て歩き」は、ロンドン、パリ、ニューヨーク、シカゴ、サンフランシスコと回ったことと、その大雑把な感想を示すのみで、隔靴掻痒の思いを禁じ得ない。

映画関連では、映画上映の合間のレビュー等のアトラクションの充実に注目していたようだが、それは映画自体の衰微に起因するものでは無いかという懸念も示していた。

新宿ムーラン・ルージュ生みの親

ここから、この旅で得た体験、あるいは資料が新宿ムーラン・ルージュに持ち込まれたことが想像されるのだが、資料の欠落という壁がその前に立ちはだかっている。

そう、舞台芸術史上、森についてもう一つ特筆しておくべき事跡として、新宿ムーラン・ルージュの創設がある。

戦前のムーラン・ルージュ外観　（向井爽也「軽演劇の発展　その二」〈放送文化〉1975.5）

〈国際映画新聞〉一九三一年九月五日号が、「去る八月一日に建築認可指令の下りた新宿座に…新宿座は下谷の森富太氏の出願に係り、武蔵野館横通りの京王電車ガード附近で、約百二三十坪の場所へ近く工事にかからんとしてゐる。」と伝え、『演劇年鑑　昭和十八年版』一九四三年に「新宿座（ムーラン・ルージュ）淀橋区角筈一ノ一（四谷三二六四）【劇場所有者】森富太【建築年月】昭和六年十二月【舞台間口】四間【観客定員数】三六二人【劇場支配人】佐々木千里【幕内主任】中島源蔵【大道具主任】宮本栄次郎【照明主任】伊藤達二【音楽主任】戸山英将」と出ていることからすれば、ムーラン・ルージュは、戦前を通じて森の劇場として存在していたことは間違いない。とはいえ、一般には佐々木千里の劇場として言及され、森の存在が触れられることはほとんどない。

旗一兵の『喜劇人回り舞台』（学風書院、一九五八年）に「建築主は映画雑誌屋の草分けから興行師になつた森富太だつた」と記され、菊田一夫も「佐々木千里が、森富太所有の新宿座屋上に（武蔵野館通りのガード際）に赤い風車を飾りつけ、その座名をムーラン・ルージュと名付けた」（「青春の告白（十）」〈小説新潮〉一九六五年一一月号）とするが、阿木翁助『演劇の青春』（早川書房、一九七七年）、横倉辰次『わが心のムーランルージュ』（三一書房、一九七八年）といった代表的なムーラン・ルージュ関連本に言及はなく、森の関与は、二〇一一年に出た中野正昭による研究書『ムーラン・ルージュ新宿座』（森話社）を除けば、大笹吉雄が〈新劇〉に連載した「日本現代演劇史」（一九八四年六月号）で触れられているぐらいだろうか。中野も、森と新宿座の創設の模様に関してはあまり情報が得られていないと見え、ムーラン・ルージュが活動を開始する前に映画館だった時代があるという伝承（新宿座は一九三一年の秋に建てられており、同年末のムーラン・ルージュ開演に先立った興行はおそらくなかった。これは一九二八年に四谷大国座を改装して新宿座とする計画〈実際には山手劇場として成立〉があったことによる誤伝であろう。）については、記録が見いだせないと逃げているほか、森が国会議員になっているとするなど、この部分については、ほとんど参考にならず、森がどのように劇場に関わったかについての探究は、まだ手つかずの課題である。

さて、森は、議員活動の末期より、貿易業に進出していたようで、一九三九年八月二五日の東京市貿易協会の設立総会に発起人総代として、市議兼日産商事社長として挨拶に立っている。日産商事については、防空用遮光幕の広告が新聞紙上に散見されることから、これが主力商品となっていたようだ。〈建築設備〉一九四二年四月号に発表された「遮光設備の完璧を期せ」という一文はドーリットル空襲の直後に書かれたものらしいが、その際の肩書は日本防空遮光布製造業組合理事長であった。この組合は同年三月二五日に創立総会が開催されている。

戦後、森の名が記録に見える最初は一九四七年に銀座松坂屋で開かれた水墨画の個展の広告である。〈読売新聞〉八月二四日、〈朝日新聞〉八月二五日に掲載されたそれには、「水墨画会長ニシテ雪舟派直系多年水墨画ヲ研究セル本邦唯一の名手」とあるのだが、水墨画会も雪舟派もその実体は不明。なお『日本紳士録　五五版』には「雪舟派十四世」なる肩書も載せている。

一九四九年に編著『産児制限の知識』を出し、一九五〇年に参議院選挙出馬、一九五九年に『百円札の危機』を刊行。同書を出した投資経済新聞社は森が経営していた出版社で、『日本の出版社　一九六〇年版』によれば、一九五五年の創立。『日本紳士録』に見える他の肩書に不動産抵当社長、在外株【政府】補償促進連盟理事長、日本画輸出協会長があるが、いずれも詳細は不明。

今村三四夫が取材に訪れたという中央区の事務所というのは投資経済新聞社であろうか。この際、今村が聞き出したのは、映写機械のトラブルを弁舌でつないだこと

「生命石パイプを持った森富太氏」〈週刊読売〉1961.1.8

放射性鉱石をもちいた生命石パイプ〈『発明コンクール』発明学会〉1964

を切っ掛けに映画界入りしたというエピソードのみで、実質的な話は何も得られていないように見える。〈キネマ旬報〉一九五〇年四月上旬号に「新東宝株主有志大会」の代表としてその名が現れているものの、戦後の映画黄金時代に昔取った杵柄と人脈を駆使して一山当てようと試みた節がないことも合わせ、実は森自身は映画や舞台芸術に全く興味がなかったのではないかという疑念も湧く。こうした分野に関心を寄せていたのは周囲の人物（例えば妻）で、そちらが一線から引いたため、映画方面の仕事に手を出さなくなったという仮定である。

ちなみに、〈週刊読売〉一九六一年一月八日号の小特集「61年型の健康法と強精法」には「生命石パイプ」なる健康器具を売り込む若々しい七八歳の老人として登場している。

一九六四年、遂に実現を見た東京オリンピックの開催時、森は八〇歳。一九四〇年オリンピック関係者としてコメントを求められていて不思議はないところだが、そうした談話を見出すことは出来ていない。一九七〇年七月七日没。これは片岡一郎氏にお示しいただいた弁友会の機関誌〈辯友〉一四号に出た訃報による。上野寛永寺における告別式では友人総代として大蔵貢が、そして元市議の同志として大久保源之丞が弔辞を述べたという。

従来、周縁に位置付けられていた、浅草オペラ、新宿ムーラン・ルージュ、活動弁士といった分野も、一部の熱心な研究者の尽力で解明が進んで来てはいるのだが、さすがに森富太までは到達できていない。親族、もしくは身近におられた方による証言がもたらされ、その人物像が詳らかとなる日の来ることを熱望している。

（ふじもと・なおき）

デジタル過渡期の映画上映㉞

胸の朝日が赤いから

長谷川康志

まず最初に22年の映画状況を振り返ってみたい。23年1月31日、映連は22年全国映画概況を発表。全興収は約２１３１億円で前年比約１３２％増加した。入場数1億５２０１万人、公開本数１１４３本（邦画６３４本：洋画５０９本）とコロナ前の水準に回復しつつある。スクリーン数は３６３４と前年より14減だが、原因はシネコンの開業数が少なかったため。気になるのは、邦画上位4作品（全てアニメ）と洋画首位『トップガン マーヴェリック』の計5本で全興収の3分の1を占めたことである。アニメのヒット作頼みと洋画離れがいよいよ著しい。

ここで日本映像ソフト協会「映像ソフト市場規模及びユーザー動向調査２０２２」（23年4月現在）も見ておこう。国内の映像ソフト市場は全体で７７４６億円(前年比約１０２％)あり、その内訳は有料動画配信５５０４億円(前年比約１１３％)、セル１６７０億円（前年比84％)、レンタル５７２億円(前年比約78％）となっている。映像ソフトにはテレビ番組やアダルト等が含まれるので単純に比較できないが、映画館との市場規模の違いと視聴環境の変化は認識しておきたい。

この流れにあって今年5月1日、ＴＯＨＯシネマズは6月1日からの鑑賞料金１００円値上げを発表した。一般２０００円、シニア１３００円になる。サービスデーも値上げするが、学生・障害者は据え置く。ちなみに前回の値上げはわずか4年前の19年6月1日。今回の値上げ理由は《昨今のエネルギー価格の高騰や円安による仕入れコストの上昇、アルバイト人件費を中心とした運営コスト増や各種設備投資における負担増等》とある。値上げ発表を受けてツイッターでは#映画離れや#映画館離れがトレンド入りした。以後、陸続と各社が鑑賞料金を改定。5月12日に東映（ティ・ジョイ）が6月16日から、6月1日に松竹マルチが6月30日から、同じく6月1日に東急レク（１０９シネマズ）が7月7日からの１００円値上げを発表している。6月2日時点で一般１８００円を続けるイオンシネマとＴＯＨＯの間に２００円の差が生じる事態となった。

†

次にコロナ対応の終了について。23年3月28日、ＷＨＯはコロナワクチンの接種指針を改定。健康な成人や子供への定期的な追加接種を「推奨しない」とした。5月5日には新型コロナによる「国際的な公衆衛生上の緊急事態」の終了を表明する。

日本政府は3月13日からマスク着用を「屋内・屋外を問わず個人の判断に委ねる」方針に変更。5月8日には新型コロナを2類相当から5類感染症に格下げした。これに伴い、国の「新型コロナウイルス感染症対策の基本的対処方針」が廃止され、全興連の「映画館における新型コロナウイルス感染拡大防止ガイドライン」も廃止。各映画館・演芸場は5月7日をもって感染予防対策を終了した。５月８日以降も対策を継続しているのは、筆者の知る限り、イオンシネマの《(後方部の)座席の間引き販売》と、携帯スピーカーを使ったラピュタ阿佐ヶ谷の前説（マスク着用のスタッフが扉の外からマイクで行う）くらいである。

†

国立映画アーカイブ（ＮＦＡＪ）もＧＷ明けに１階のレイアウトを改め、入ってすぐ左の検温・消毒へ誘導するパーテーションを撤去した。自動消毒器２台は中央やや右の柱側へ移設し、ロビーはコロナ前に近い落ち着きを取り戻した。以下、ＮＦＡＪの近況を。

５月９日、６月２日〜30日「ＥＵフィルムデーズ」の会場を《長瀬記念ホールＯＺＵの改修工事の影響》で小ホールに12史と発表。また「ＥＵ」から再び前売方法を改定。《チケット・システムの変更により、オンライン発売は各上映日の３日前正午から》となった。当日券販売方法は従来通り。

５月12日には「逝ける映画人を偲んで」第１期の初日を《改修工事の影響》で７月１日から７月４日に変更。

なお22年度最後の上映企画「日本の女性映画人（１）」（２月７日〜３月26日）は時流に乗って高評価を得た。朝日新聞社のウェブサイト「telling,」は４月29日「今も昔も分断される女性たち」（文・伊藤恵里菜）を掲載。森宗厚子特定研究員に構想の経緯などを取材している。日本共産党中央委員会発行「前衛」５月号も児玉由紀恵「女性映画人の活躍を発掘した国立映画アーカイブの特集」を掲載し激賞した。

ところで昨年12月、10年毎の英ＢＦＩ「史上最高の映画１００（批評家選出）」に女性監督作11本が選ばれた。１位は『ジャンヌ・ディエルマン』。マヤ・デレンの14分の『午後の網目』が16位と、『地獄の黙示録』『七人の侍』（19＆20位）より上位になった。

女性の仕事を正当に評価することは重要だが、作品の歴史的価値を評価することと混同すべきではなかろう。

†

次に国内映画祭を簡単にまとめる。

恵比寿映像祭２０２３は２月３日〜19日に東京都写真美術館ほかで開催。無料展示では同館蔵のフィオナ・タン『リフト』で16ミリのループ上映がある。１Ｆホールの有料上映では、２月９日のみ井口奈己『犬猫』を８ミリ上映。ジョナス・メカス生誕百年記念では15本中２本が16ミリ上映だった。

下鴨映画祭は事前収録し、４月16日〜23日のアーカイブ配信として開催。

ドイツ映画祭２０２３は４月20日〜23日、ユーロライブで新作７本上映。

イタリア映画祭２０２３は５月２日〜７日、有楽町朝日ホールで開催。同会場では４年ぶり。新作14本を紹介。６月に大阪・ＡＢＣホールへ巡回。

続いて映画関連の展示について。

２月11日〜４月９日の京都国立近代美術館開館60周年記念「甲斐荘楠音の全貌」（一般１８００円）は退屈男の衣装等を展示。７月１日〜８月27日に東京ステーションギャラリーを巡回。

４月11日〜８月６日、ＮＦＡＪ企画

展「没後10年 映画監督 大島渚」（一般２５０円）。展示に合わせて４月11日〜５月28日に大島特集を同館小ホールで上映したが、10年１月の大島特集とほぼ同じ番組。小山明子特集上映にして膨らみを出す位の知恵が欲しい。

４月１日〜５月28日、神奈川近代文学館「生誕１２０年 没後60年 小津安二郎展」（一般８００円）。合掌。

４月19日〜５月８日、松屋銀座８階イベントスクエア「『すずめの戸締まり』展」（一般１３００円）。造形物１点のみ撮影可。飴・ガムは禁止。札幌、大阪、金沢、福岡を巡回予定。

４月５日〜５月26日、天王洲・寺田倉庫Ｇ１ビルにて「ウェス・アンダーソンすぎる風景展」（一般２千円）。11月25日〜12月28日に渋谷・ヒカリエホールでの再開催が決まっている。

†

映画館の開・閉館を概観しておく。

２月８日、《ここ数年の経営環境の悪化》を理由に愛知県・名演小劇場が《３月23日をもって映画上映活動を暫時休止》と発表。常設館の営業は終えたが、毎月の上映会は開催している。

３月25日には兵庫・豊岡劇場（22年８月末休館）と山形・鶴岡まちなかキネマ（20年５月閉館）が再開した。

４月14日、新宿ミラノ座跡に東急歌舞伎町タワーが開業し、９＆10階に１０９シネマズプレミアム新宿（８スクリーン）が開館した。３月28日に逝去した坂本龍一監修の音響システム「ＳＡＩＯＮ‐ＳＲ ＥＤＩＴＩＯＮ」が全館導入され、また、ラウンジや上映前の音楽なども坂本が作曲した。35ミリ映写機の設置（スクリーン８）も同氏の発案という。席種はクラスＳ（一般６５００円）とクラスＡ（一般４５００円）の２種のみで、ドリンクとポップコーンは無料で提供される（上映後は引換え不可）。館内アートは６名の美術家が制作。35ミリフィルムを用いた竹中美幸「都市のさざめき２０２３」（９＆10階メインラウンジ）と「ミラノ座の記憶」（10階プレミアムラウンジ。クラスＳのみ利用可）も展示されている。４月14日〜５月18日には「Ryuichi Sakamoto Premium Collection」の題で坂本の映画や演奏映像を特集。『戦場のメリークリスマス』（〜４月27日）と『トニー滝谷』は35ミリで上映された（同時期のＮＦＡＪ大島渚特集の『戦メリ』は４Ｋ修復版の２Ｋ上映）。

ラウンジでＴＯＨＯシネマズ新宿のゴジラの頭を見下ろしながら、筆者は『ヨーゼフ・ボイスは挑発する』予告編の掉尾に映る坂本の推薦文を思い返していた。曰く《資本主義が終焉を迎えている今、その先を見据えた経済・芸術を唱えたボイスの思考》云々。成程、トー横にたむろする若者たちを尻目に、音響にこだわった６５００円の席でポップコーンをほおばるのが資本主義終焉のその先なのか。タワー２階のジェンダーレストイレの混乱といい、マルクス変異株たるＳＤＧｓ的価値観がもたらす傲慢・無知・諍いは、結局、新自由主義経済を後押しするだけだ。誰もが同じ入場料で１日を過ごせた「平等な」映画館はもうない。

†

閑話休題、フィルムでの撮影や上映の話題に進もう。3月18日より、小中和哉監督『Single8』がユーロスペース他で順次公開された。78年夏に8ミリで映画を作る高校生の青春劇で、劇中映画は実際に8ミリで撮影（Bカメ・8ミリ協力：今関あきよし、8ミリ現像：レトロ商会）。本作の公開記念に3月2日～4日「8ミリ映画復活祭」がユーロスペース1で開催された。1500円均一。監督やゲストが来場し、各夜3～4作品を上映。客席後方からELMO GS-1200 XENONで映写。音声トラブルやフィルム切れで何度か中断したのも8ミリらしさか。『終』が最長版ながらDVDなのは残念だった。

さて、今年はコダックが最初の16ミリを発売して100周年に当たる。昨年後半以降の邦画では『やまぶき』『ケイコ 目を澄ませて』『TOCKA［タスカー］』が16ミリ撮影。22年9月14日よりディズニープラスで配信中のドラマ『すべて忘れてしまうから』も16ミリと、国内でも現場の需要は根強い。スピルバーグの自伝的新作『フェイブルマンズ』の撮影監督ヤヌス・カミンスキーも《いずれ全編16ミリで撮影するという挑戦をしてみたい》（KODAKメールマガジンVol.205）と16ミリの粒子構造や色の再現性を礼賛。その魅力が見直され始めている。

†

第73回ベルリン国際映画祭は今年2月16日に完全有観客で開幕。22年の隔席やワクチン証明提示が遥か昔の事のようだ。開会式ではゼレンスキー大統領がオンライン演説し、翌17日に同氏のドキュメンタリー『Superpower』（ショーン・ペン共同監督）がプレミアされた。また侵攻から丸1年となる2月24日にはクリステン・スチュワート審査員長らがウクライナ支援のデモンストレーション。他にもイラン女性の人権擁護デモが行われ、俳優賞（男優・女優賞は21年から廃止）は主演・助演ともトランスジェンダー役が受賞した。この有様はノルドストリーム爆破後すっかり弱体化したドイツが、米国リベラル勢にいいようにされる縮図のようだ。類は友を呼ぶの諺よろしく、「化石燃料の狂気を止めよ」と書かれたTシャツ姿の若者たちが手に接着剤を付けて初日のレッドカーペットに座り込んだ。この騒ぎは日本ではあまり報道されていない。彼らはドイツの環境団体「最後の世代」のメンバーで、英国の「ジャスト・ストップ・オイル」がナショナル・ギャラリーのゴッホ「ひまわり」にトマトスープをかけた手法に触発され、昨年10月23日、バルベリーニ美術館（ポツダム）のモネ「積みわら」にマッシュポテトをぶちまけて気候変動と食糧危機を訴えた活動家たちである。

もはや映画祭を粉砕せよとは誰も言わない。一方的な主張の場、ポリコレ見本市として利用するばかりだ。作られたイデオロギーの流行に共振／狂信することなく、歴史を見つめたい。

（はせがわ・こうし）

珍品ショウケース⑮

『ブードゥーマン』

ダーティ工藤

（44年・サム・カッツマン・プロダクション＝モノグラム・プロダクション）
モノクロ・スタンダードサイズ（1・37：1）
62分

Voodoo Man（ブードゥーマン）

製作＝ジャック・ディエツ、サム・カッツマン　原案・脚本＝ロバート・チャールズ　撮影＝マルセル・ルピガード　音楽＝デイヴ・ミルトン　録音＝グレン・グレン　編集＝カール・L・ピアソン　スタント＝ジョージ・デノマンド　衣装＝ユージン・ジョセフ

出演＝ベラ・ルゴシ、ジョン・キャラダイン、ジョージ・ザッコ、ワンダ・マッケイ、ルイーズ・カリー、マイケル・エイムズ（＝トッド・アンドリュース）、エレン・ホール、テリー・ウォーカー、メアリー・カリー、クレア・ジェームス、ヘンリー・ホール、ダン・ホワイト、パット・マギー、ミシ・ゴテイ、ジョン・インス、エドワード・キーン、ラルフ・リトルフィールド、チャールズ・マカヴォイ、デニス・ムーア

アイダホ州の田舎でガソリンスタンドを営むニコラス（ジョージ・ザッコ）は、若く美しい女性が来ると嘘の道順を教える。迷った女性はリチャード・マーロウ博士（ベラ・ルゴシ）の助手トビー（ジョン・キャラダイン）とグレゴ（パット・マギー）に拉致される。博士は22年前に死去した美しい妻イヴリン（エレン・ホール）を蘇らせるために、ブードゥー教の儀式によって若い娘たちのエッセンスを移し替えようとしていた。だが妻と完全に一致するドナー女性は中々見つからず失敗を繰り返していた。そんな折、映画の脚本家ラルフ（マイケル・エルムス）が地元に住むベティ（ワンダ・マッケイ）と結婚するためにやって来る。ラルフは来る途中で結婚の介添人ステラ（ルイーズ・カリー）と偶然一緒になるが、ラルフが油断した隙に彼女は拉致されてしまう。ソンビにされたステラは、トビーが檻の鍵をかけ忘れたためにフラフラと外に迷い出て、保安官（ヘンリー・ホール）に保護される。ベティ宅で看護を受けるが、夢遊病状態を診察するため博士が呼ばれる。博士はベティを見るなり妻の最良のドナーと確信する。かくしてベティはブードゥー教の呪術によって、博士の元へ誘われるのだった……。

今ではひとつのジャンルとして成立した感のある〝ゾンビもの〟だが、元はブロードウェイで上演された「ゾンビ」から来ている。最初のゾンビ映画と言われているのがベラ・ルゴシ主演の『恐怖城』（32年・ヴィクター・ハルペリン）で、ブロードウェイ版「ゾンビ」の内容を踏襲している。『恐怖城』や本作も含め戦前のゾンビ映画は、『ナイト・オブ・ザ・リビング・デッド』（68年・ジョージ・A・ロメロ）で確立された死者から蘇ったゾンビという設定ではなく、ブードゥー教の呪術儀式もしくは導師によって操られる仮死状態の人間という設定になっているの

が特徴的である。

『恐怖城』に続きゾンビマスターを演じるベラ・ルゴシ（1988～1956）の存在感が際立っており、認知度では大分劣るが『魔人ドラキュラ』（31年・ジェームズ・ホエール）に次ぐ代表作と言ってもいいかもしれない。本作はルゴシのモノグラム出演（全9作）の8作目となる。

『ブードゥーマン』。左から、パット・マギー、ルイーズ・カリー、ジョン・キャラダイン、ベラ・ルゴシ

博士のちょっと頼りない助手トビーを演じるジョン・キャラダイン（1906～1988）は、36年の『メアリー・オブ・スコットランド』を皮切りに『虎鮫島脱獄』（36年）『ハリケーン』（37年）『四人の復讐』『サブマリン爆撃隊』（以上38年）『モホークの太鼓』『駅馬車』（以上39年）『怒りの葡萄』（40年）とジョン・フォード映画の常連だったが、私生活の乱れもあり40年代以降はB級ホラー映画の脇役人生となる。本作では手ごたえのない役どころを淡々と演じているのが彼らしい。

博士の右腕ともいうべきブードゥー教の呪術師ニコラスを怪演するジョージ・ザッコ（1886～1960）は、英国マンチェスター生まれ。20年代にロンドンの舞台で才能を開花し映画にも進出し、セドリック・ハードウィック主演の『ドレフュス』（39年・F・W・クレーマー、ミルトン・ロズマー）でデビュー。いかつい容姿から悪役を演じることが多く『チャーリー・チャン』『ブルドッグ・ドラモンド』シリーズの悪役で注目される。40年代に入り、プロデューサーズ・リリージング・コーポレーション（PRC）やモノグラムなどのB級映画への出演が多くなる。B・ルゴシ、J・キャラダイン共演の『エイプマンの復讐』（44年・フィル・ローゼン）や、主役を務めた『歩く死骸』（43年・サム・ニューフィールド）『空飛ぶ翼蛇』（46年・サム・ニューフイルド）あたりが代表作。特に『歩く死骸』は一人二役で熱演する大主役であった。この間、イングリッド・バーグマン主演『ジャンヌ・ダルク』（48年・ヴィクター・フレミング）や、ジェニファー・ジョーンズ主演『ボヴァリー夫人』（49年・ヴィンセント・ミネリ）などのメジャー映画にも脇役出演している。

ウィリアム・ボーダイン監督（1892～1970）は、15年に短篇コメディ『農場のダイアナ』でデビュー。22年の『西部のスピード王』より長編監督となりメアリー・ピックフォードに信頼され、彼女主演の『アンニー可愛いや』（25年）『雀』（26年）が代表作。トーキー以降はB級映画専門となりTVを含めて400本強を監督し、息の長い監督人生を送った。映画の遺作は66年の『ジェシー・ジェームズとフランケンシュタインの娘』。

（だーてぃ・くどう）

時代劇に怪奇性を求めて　第二回

蛇女優・毛利郁子をご存知ですか？

二階堂卓也

拙著（「日本映画裏返史」）で大映の入江たか子の怪談映画をまとめたことがある。『怪談佐賀屋敷』（53）に始まる一連の作品で、いわゆる〝化け猫女優〟のレッテルを貼られながら、『怪猫夜泣き沼』（57・『怪談佐賀屋敷』の焼直し）まで役目を果たした入江に代わり、大映が新たに〝蛇女優〟として売り出したのが毛利郁子で、その「蛇」シリーズは怪奇と恐怖に猟奇とエロも加味された絶対外せない3本である。

蛇というやつはギリシア神話の時代から、あるいは我が国でも古来より種々の信仰のシンボルになっているが、その生身の姿は蜘蛛や蜥蜴以上に気味が悪い。今は都会の公園でも滅多に見られなくなったと思うが、例えば青大将などがトイレやキッチンにニョロニョロ這い出してきたら、婦女子はもちろん、男だって怖気立つに違いない。畢竟、蛇はその近寄り難い異形と生態によって種の保存を果たしてきたのである。本シリーズは、ただでさえ気持ち悪い、この爬虫類をふんだんに使い、グロテスクなまでの世界を具現してくれた日本映画屈指の怪作だ。

毛利郁子

1

『白蛇小町』（58・弘津三男《かずお》）は武家にまつわる因縁から巻き起こる殺人事件の謎と真相。雷雨の夜、花嫁を乗せた駕籠の一行が常念寺を通りかかると、花嫁姿の女幽霊が出現し、行列の連中は恐慌状態。幽霊は一旦姿を消

『白蛇小町』。千葉敏郎と

すが、宙を浮遊しつつ再び現れ、やがて闇の中へ溶け込んでいく。婚礼が行なわれる安藤家に到着して駕籠を開けると、ああッ、花嫁がいない！　代わりに白蛇が一匹這い回っている——と、出だしはすこぶる快調である。

安藤家の主、左門（志摩靖彦）の回想によれば、左門は若い頃、侍女のお巳年《みね》と恋仲だったが、家柄が違うと怒った父が彼女と中間《ちゅうげん》の密通を捏造して放逐。お巳年は左門と別の女の婚儀を知るや、無念と怨みから発狂。安藤家断絶を呪詛しつつ自家に火をつけて焼死し、葬られたのが常念寺。ところが、祝言の夜に新妻は土蔵で怪死。さらに、白蛇と顔半分が火傷で爛れたお巳年の亡霊出現に左門は「巳年生まれの女の執念が蛇に乗り移ったのか！」と、生涯妻は持つまいと決めて——。

それから20年以上が経過して、今度は長男の新之助の花嫁が姿を消したのである。やがて、その亡骸が常念寺の老木の下で発見され、さらに新之助もまた土蔵で白蛇とお巳年の幽霊に出くわした挙句に首吊り死体で発見される。その謎を今は家を出て市井で気ままに暮らしている新之助の弟、源次郎（梅若正二）が解明するまで。

以上があらましだが、女幽霊の出没や蛇の徘徊は楽しいけれど、安藤家の内情がわかりにくいのは難。そもそも、その昔、妻帯を断念したはずの左門になぜ二人も息子がいたのかというと、産んだのは懇ろになった遊里の女（というが）、彼女は既に亡くなっている設定だから、母として二人をいつ頃まで育てたのかと、つい余計なことまで考えてしまうのは脚本が粗略だからだ。

開巻の花嫁失踪事件からずっと左門に傅《かしず》いている、おすが（朝雲照代）の立振舞いが妻同然なことに、今度は、ハテ、左門殿はいつ妻帯したのやらと首を捻った。文字資料に「愛妾」とあったので調べてみると、江戸時代、武家の長は妻の有無を問わず、妾を持てたとかで、彼女たちは側妻と称され、身分上は妻と見做されていたとわかった。時代劇に詳しい人はともかく、私などは先の遊里の女もそうであったかと、ようやく得心した次第。

源次郎が家を出た理由を「家に女狐の臭いがするから」というのは、おすがへの当て擦りに違いないが、屋敷での二人のやりとりなどありはせぬ。名のみしか知らなかった朝雲照代、年増ながら妙に色気のある女優だ。

さて、毛利郁子は芝居小屋の座長にして蛇遣いのお紺役で登場。楽屋で数匹の蛇を無造作につかみ、情夫の浪人大助（千葉敏郎）に見せつけたりするが、それくらいで〝蛇女優〟と喧伝されるはずがなく、行水のあと、床に寝転んでヌラヌラした蛇を顔や首に押しつけ、あるいは愛撫し、恍惚となるシーンが圧巻だ。

蛇は間違いなくホンモノである。カメラはそこをクローズ・アップで舐めるように撮し、あーっ、一匹はむきだしになった太腿にまで……。前代未聞の見せ場で、監督の名はこれ一本で記憶に値する。

大助はおすがの弟で（これは早めに明かされている）、綱渡り芸人のお菊（中村玉緒）をものにせんと虎視眈々。そろそろ鼻に付いてきたお紺をヤクザの親分（羅門光三郎）の慰み者にする卑劣さだ。この間、楽屋で眠り薬入りの酒を飲まされ、葛籠《つづら》で墓場へ運ばれた源次郎が棺桶に移されて埋葬されるのは終盤の伏線になっているけれど、しばらく主役不在の仕儀となる。

その終盤、大助に復讐しようと幽霊に化けて現れたお紺はお菊を庇って返り討ち。源次郎再登場は型通りにしても、どうして眠り薬混入を察知したか、また、いかなる方法で葛籠や棺桶から抜け出したのか――こちらが一番知りたい理由がいい加減極まる台詞で処理されているのには呆れた。事件の黒幕は安藤家の因縁を知り、二人の息子を亡き者にして、大助を同家の養子に取り立て、家督相続を企んでいたおすがと判明。

新婚ホヤホヤだった左門が土蔵で見たお巳年は本物の（？）幽霊だったにしても、冒頭の雨の夜以来出没していたのは火傷メイクと変装による彼女の成りすましだった――とは女狐どころか、大した役者ぶりだったわけだが、一人二役は途中から大体見当がつくからネタ晴らしにはなるまい。

もっとも、この真相解明も台詞のあやふやさと主演者のエロキューションの劣悪さが祟って、スッキリしない。

怪奇性は十分もドラマが伴っていないのは杜撰な脚本ゆえ。ただし、毛利郁子の蛇との戯れ場面は必見。私が著作権所有者なら、DVDを海外に大々的にセールスする。英題は"Geisya and Snakes"。古いなあ。

2

欲の皮の突っ張った悪女と悪党たちが豪商伊勢屋を乗っ取ろうと次々に姦計を打ち出し、躊躇なく実行に移すのが二作目『執念の蛇』（58・三隅研次）。

その面差しが知っている女に似通っているからと、娘お千代の踊りの師匠歌路（お歌＝毛利）に執心するのが伊勢屋の主人（荒木忍）。これを昔の女に産ませたものの、長い間消息不明のままの隠し子と踏んだ番頭が髪結いの藤吉を手先に使い、お歌の腹違いの兄の紋三郎（水原浩一）を抱き込み、彼女を主人の娘に仕立て上げる。邪魔になったお千代は竜神堀で溺死させる凶悪さ。この殺し方が無残極まりないリアルさである。

だが、彼女は堀の近くの社《やしろ》に祀られている竜神——白竜様を信心していて、その御神体である蛇が怨念となって悪党どもにまつわりついていく。

ここからが見どころである。その堀で夜釣りをしていた紋三郎の前に、お千代の死体がガバーッと浮き上がってくる。腰の笊《ざる》の獲物は蛇にすり替わっている。稽古場で師匠の踊りを見ていた弟子たちは、彼女の持つ帯が蛇に変じているのを見て驚愕する。

不気味でスリリングな展開は監督が怪猫映画とは質を異にする蛇ものとて、とにかく観客を怖がらせてやろうと腹を据えたからではないか。お千代に奉公人の婚約者がいたこと、彼にはお歌がゾッコンだったことなど些事にしか映じない——というより、物語にまったく関係ない。主役の浪人（島田竜三）と彼に想いを寄せている伊勢屋の小間使おきぬ（近藤美恵子）も存在感まるでなし。

本当の隠し子は実は伊勢屋にいたものの、主人は彼女には昔の女の面影などてんで見出せなかったとはこちらも驚くばかりで（笑）、実の娘の証拠となる簪《かんざし》の扱いもご都合主義極まりないのだが、本作は悪党どもの暗躍と、彼らが蛇の恐怖に慄いていくサマがキモになっているから、そこを突くのは野暮というもの。

実際、時代劇の面白さの一つは悪役たちの跳梁跋扈と、その破滅を見届けて留飲を下げるところにある。我々は正義の刃に野望潰え、無念の（？）形相で倒れ伏す進藤英太郎や吉田義夫に何度快哉を叫んだことか。

そのうち、番頭と藤吉が金をめぐって因縁の竜神堀で殺し合いを始める。この場面も迫真性十分で、番頭を始末した藤吉はお歌に刺されるが、彼女にはお千代の執念が取り憑いた大蛇が絡みつく。〝大蛇〟と書いた通り、これがでかい、でかい。そこを何とか逃れて辿り着いた家には血まみれの藤吉が出刃包丁片手に突如現れる。

ここまで一気呵成。畳み掛けるような演出がいい。後年の「座頭市」や「眠狂四郎」シリーズで楽しませてくれる監督の才能と技量を垣間見た気がする。

『執念の蛇』ポスター

企みを看破した浪人と紋三郎の手勢の戦いは付け足し程度。お歌の首に巻きつき、離れないブヨブヨヌラヌラした大蛇はとても作り物とは思えないリアルさである。お歌、必死で振りほどこうとしているようで、自分でギュウギュウ締めつけているようにも見える（再笑）。悪女がザンブと堀に沈んだあとも、なお小蛇がウジャウジャと水中に蠢いている凄さと執拗さ。50分ほどの中編添え物映画ながら、因果応報、悪党どもの断末魔ぶりは存分に愉しめた。

毛利郁子は1956年にニューフェイスとして入社。偶然ながら、私はそのデビュー作――大映東京での現代怪奇スリラー『透明人間と蝿男』（57・村山三男）をリアル・タイムで見ている。小学5年生が毛利郁子なんて女優を知っているわけがなく（知っていたらタイヘンだ）、公開記録を見ると、梅若正二主演の『赤胴鈴之助・飛鳥流真空斬り』との2本立てだったから、こちら目当てだったのはいうまでもない。

DVDで再見したら極小化した蝿男に殺されるナイト・クラブの踊り子役で、肌も露わな肉体はさすがグラマー女優。クレジットのビリングはトップ4人並列の4番目だから新人としての扱いは悪くない（右から北原義郎、品川隆二、叶順子）。踊りのバックに流れる歌はご本人の歌唱と思われるが、不詳としておく。このあと鶴田浩二主演の『冥土の顔役』など6本の現代劇に顔を出し、『白蛇小町』が大映京都での時代劇初出演だった。

私がこの女優の名を知ったのは、やはりガキの頃、風邪でもひいたか、病院の待合室にあった「平凡」か「明星」の映画欄を読んだ時だと思う。〝蛇女優〟云々は多分そこに『白蛇小町』か『執念の蛇』が紹介されていたからだろう。さて、『青蛇風呂』（59・弘津三男）だ。

3

深川の料亭白藤屋の跡取り息子佐助と日本橋の豪商武蔵屋の娘お妙の婚儀に役人が踏み込み、佐助を捕える。聞けば、海産問屋秘蔵の唐《から》香炉を盗んだ科《とが》で、証拠は現場に落ちていた紙入れ（財布）。やがて、白藤屋の帳場を預かる源七（市川謹也）が佐助の部屋から動かぬ証拠となる香炉を見つける。

家から罪人が出たとなると店の将来は危うくなるばかり。懊悩する兄で主人の清吉（伊沢一郎）に芸者上がりの妻、おえん（毛利）が授けた知恵は口封じに源七を殺すことだった。二人は毒入りの酒でバッタリいった彼を庭の井戸の中へ――と、これが以下の怪事連続の発端。

二人は源七が大阪へ出かけたことにするが、蛇が店や座敷に出没し始める。清吉がその度に驚愕するのは大の蛇嫌いという設定だからだが、あの生き物を見て平然としている人間は江戸時代にだってそうはいまい。怖がって当たり前で、娯楽映画に下手に理屈をつけることはない。ほどなく井戸から死体が消え、旅籠屋の主人が源七の預かりものといって持ってきたのは毒酒を飲ませた盃ではないか。さらに、本人から江戸へ帰るとの手紙が届く。清吉は「蛇は源七の呪いだ」と恐怖し、「あいつは生きている！」と信じ込むようになる。

お妙から事情を聴いた与力の小源太（島田竜三）が乗り出すが、この与力、さしたる推理力も行動力もない。ついでにいえば、演じた俳優に魅力もない。果ては源七の幽霊まで現れ、もはや〝怪談青蛇屋敷〟。もちろん、これには裏があって、中盤までは私もコロッとだまされていたのだから、なかなか巧妙なトリックではある。

もっとも、源七を旅立たせたことにしたのはどう考えてもおかしい。死人に口なし――香炉盗みは彼の仕業で、自供後に罪を悔いて自ら毒を仰いで井戸に身を投げた――で済ませればいいじゃないかと凡愚は思うけれど、この映画がそうしなかった理由をここで述べるとネタ晴らしになる。

しかし、眼目である蛇の跳梁と毛利のエロチシズムはさすがに満喫できる。あちこちに出没して清吉を驚かせていた蛇は、やがて湯殿で半裸のおえんの腕やら肩やら太腿にクネクネニョロニョロ絡みつく。風呂場という背景も奏功、エロ・グロ趣向タップリのシーンで、ここぞ巻中のハイライト。毛利郁子、乳房がこぼれぬよう用心しながら（？）湯船に派手に転げ込む。

源七の幽霊は清吉とおえんが避難した別邸にも現れる。そこへ参上した小源太に真相を暴かれ、化けの皮を剥がされたのは――!? 蛇はここでも意外な場所に押し合い圧し合いせんばかりに大量に潜んでいることが判明する。大映京都、よくもまあ、あれだけの蛇を用意できたものだ。私が監督なら、主演者に本身を持たせて、そこへ放り込み、何匹か斬らせるが、祟りがあるかもしれないから撮了後にお祓いはしておく。

事件の裏にあったのは料亭乗っ取りの策略。牢屋入りした佐助がほったらかしにされた脚本はいただけないが、中編（55分まで）に毛の生えた程度の上映タイムながら（57分）、毛利郁子の魅力（あえて！）と蛇の気味悪さを満喫できる一編であることは間違いない。コメディ・リリーフの岡っ引き役は中田ダイマル・ラケット。観客に一息つかせる意図はわかるけれど、過ぎたるは何とやら。以上すべてＤＶＤによる。

怪奇時代劇としては画期的だった大映の蛇ものは以上の3本で打ち止めになった。往時、各社のお盆興行の定番だった怪猫ものや「四谷怪談」「累が淵」ものなどの怪談映画とは明らかに趣向や見せ場が違い、不幸なことに単なるゲテモノ映画として遇されたからか。

フィルモグラフィをざっと眺めると、毛利郁子はこの年、他に『次郎長富士』『千代田城炎上』など11本の時代劇に出演した。麻薬捜査官が暗黒組織に挑む『都会の牙』(59・村山三男)は久々の大映東京での仕事で、今回はアラビア風の透けた衣装に蛇を絡ませての妖しいエロ・ダンスでワン・シーンかっさらったという。

『青蛇風呂』から2週後の封切りで、ここらは〝蛇女優〟というセールス・ポイントを生かし、巻中の見せ場としたもののようである。さあれ、一年でトータル13本という数字は誇っていい。

4

一九六〇年前後には泉京子(松竹)、三原葉子、万里昌代(新東宝)、筑波久子、白木マリ(日活)といったグラマー女優たちが輩出したが、会社は商売っ気がなかったのか、彼女をスケベな(?)男性客を映画館に引っ張り込むお色気女優として定着させるべく企画もキャスティングも組まないままだった。遠い記憶だが、雑誌のグラビアやスポーツ紙の特写といったマスコミへの露出度も他社の女優たちより少なかったのではないか。

以降は大半を時代劇の脇役で通し、当時常連だった浦路洋子、藤原礼子、阿井美千子、近藤美恵子らの仲間入りをしたはいいが、私はこの頃の毛利郁子に特段の印象はない。何本かで接しているはずだが、偶然見た映画にたまたま出ていたといった案配で、記憶に残っているのは『眠狂四郎・女妖剣』(64)における入浴シーン、『大殺陣・雄呂血』(66)におけるやくざの親分(吉田義夫)の女房役くらいだ。

『続・悪名』(61)『長脇差《ドス》忠臣蔵』(62)『座頭市血煙り街道』(67)などは、どこにどんな役で出ていたのかも判然としなかった。元々、一目見たら誰にも強い印象を残す顔貌はしていない女優だし、目立つ出番もアップも台詞もろくにない脇役だからで済ませればそれまでだが、「蛇」シリーズでの演技が強烈で刺激的だった分、その落差は大きい。こうなると、あの3本は彼女にとっては諸刃の剣だったと思わざるを得ない。

DVDで接した『ぼんち』(60)のクレジットの終わりのほうに名前があって「おお」と思ったが、チョイ役もいいところの芸者役だった。確か、役名も台詞もなかったはずである。映画は退屈極まるもので、こりゃ〝凡痴〟だなと、必殺の早送り。映画は時代のものとは言い条、「キネマ旬報」年度決算号に大映で一番稼いだ映画とあったのは容易に信じ難い。

〝蛇女優〟という有難くないキャッチ・フレーズや、それから連想されるイメージは消えたけれど、１９６５年は４本、１９６６、１９６７年は各５本。映画は見ずとも、ポスターに名前を見つけると、私は安心したものだが、こんな本数では中堅どころとはいえ、不遇をかこっていたのではないか。１９６８年は９本に増えたが、いくら子供《ジャリ》相手の映画とはいえ、『妖怪大戦争』での特撮による轆轤《ろくろ》ッ首役などは哀れを誘った。ポスター序列はドン尻。出ないよりはましだろうが、演じた女優の心中、如何に。

私がプロデューサーなら、そのキャリアや妖婦タイプといった持ち味を生かし、背中に大蛇の彫り物がある女胴師役に抜擢、人気が出ていた「女賭博師シリーズ」で江波杏子と対決させるが、企画会議で社長に「バカモン！」と怒鳴られるだけか。

本稿のヒロインは１９６９年12月14日に刺殺事件を起こした。当時36歳は女盛りの頃である。以後の逮捕、服役、釈放については流布しているから繰り返さないが、村井実氏（故人）から提供された資料により、裁判前には大映の社員たちが減刑嘆願の署名運動を行なったことのみ追記しておく。

逮捕から５日後に封切られた最後の作品『秘録怪猫伝』（69・田中徳三）は『眠狂四郎・卍斬り』の添え物で、大映得意の（三度目！）、ただし、季節外れの鍋島騒動もの。怪猫に最初に取り憑かれ、醜悪なメイクで果てる中臈沢の井役だった。刷り上がっていたポスターに名があるが、報道が観客動員に繋がったかは不明。実働13年、全キャリア95本（wikipedia）。

その昔、「日本映画俳優全集・女優編」（80・キネマ旬報社）で彼女を担当したのは、ペエペエだった私の我儘を編集部がきいてくれたというより、錚々たる執筆陣に「毛利郁子を書きたい」などという方が一人もいなかったからではないかと想像している。与えられた行数はわずかなものながら、私はとっくに映画界から姿を消していた女優にいたく興味があったのだ。会社を代表する大女優などにはてんで興味はない癖《へき》もある。生身の蛇との絡みを演技として割り切っていたのは、故郷宿毛にいた幼少時から、それに触れることに慣れていたからという。

（にかいどう・たくや）

そもそも救えないのは…

文化工作の現場から

宇佐美晃

田上旺作『新しきフィリッピン』（日本書館　昭和18年刊）

猪熊弦一郎・装

讀賣新聞支局長である著者は、参謀部、軍政部に出入りし、文化工作の実態を親しく見聞した。そのリポートが本書なんだが…建設の創造のと謳いながら、その裏には深い絶望が感じ取れる。

スペインに三世紀、米国に半世紀以上支配され、伝統文化が根扱ぎにされたフィリッピン。だから文学、絵画は育っていない。マニラにさえ本屋は一軒のみ。日本軍進撃の街々で、一枚の絵も、一冊のタガログ語の小説も見いだせなかった由。いっぽうジャズを中心とするアメリカ音楽は盛んで、バンドマンの腕は日本を凌ぐ。昭和8、9年ごろ、吾国ダンスホールでも御馴染だった（人気があり、水久保澄子もひっかけられた）。しかしクラシックは全く聴かれていない。教養主義は薬にしたくもないのだ。

映画も右に同じでハリウッド一辺倒。或いは、それを真似た現地作品。そして映画館となると、吾国とは比べ物にならない立派な設備を持っていた（細部については、本誌24号、脚本家・澤村勉の証言を参照）。しかし…完全に民族が〝初期化〟され、末梢神経の快楽しか分らない国民って幸福なのかしら?…今にしてみれば、先進国の郊外族、団地族の先蹤とも言えるが…こんな国民に文化工作なんてできるのか、の絶望が行間に滲み出る。そんな疑問さえ持たないのが映画界の連中。皇軍慰問に大船の『家族』（澁谷實監督）を持ってくる。映画配給社は『清水の次郎長』を持ってくる。バカである。大衆というもの、何処の国でも浪花節が通じると思ってるのだ。そもそも面白くなければプロパガンダに使えないのは常識だ。こんな体たらくなのは、映画界が邪道に踏み込んでいるからだ、と田上は言う。「製作会社による粗製乱造は勿論、技術的に程度の低い作を、徒に〝藝術的〟と称するキザっぽい批評で持上げてきた映画評論家たちも罪が重い。『つばさ』『地獄の天使』『ベンガルの槍騎兵』のような完璧な作品に悪評を浴びせ、日本人が観ても訳の分からぬ（フランス映画の模倣である）心理描写映画、文藝映画が作られ、映画が逸脱すべからざる大衆性は忘れられた」（大意）

そう、田上はフィリッピン人の能天気な生態より、日本エリートたちの幼児性にこそ絶望しているのだ。そして映画界の状況は、敗戦後も変っていないことを我々は知っている。

（うさみ・あきら）

「捕物名人」御用だ！

「鬼平犯科帳」のことなど

永田哲朗

時代劇といえばソク、「チャンバラ」となるが、もっと身近に感じるのは「捕物帳」ではないだろうか。

それは庶民生活の中で起きるスリ、置き引き、かっ払いといったものから、ゆすり、たかり、強盗《たたき》、殺しなどの凶悪犯罪など、あらゆる「悪」に立ち向かう岡っ引き、同心、与力、そして奉行に至る「御用」の人たちの活躍が、推理とアクションのドラマとして、われわれの興味をそそるからだ。

「捕物帳」主人公はおおむね映画でもヒーローとして活躍する。与力、同心で剣の達人もいれば、十手・捕縄に命を賭ける岡っ引きもいる。さらに、罪を裁く奉行でありながら、自ら潜行して巨悪に立向うというケースまで現れて、なかなか賑わしい。

サムライ同士のチャンバラと違って、庶民性のあること、江戸の風物詩となっており楽しめること、チャンバラよりも人情的な解決でもめごとを治めること、などが理想だが、やはりチャンバラの刺戟が求められるのは当然で、その辺りのサジ加減が問題になってくる。

捕物帖の条件

捕物帳がシリーズとして成功するには、

1　小説等でその主人公の名が知られていること。

2　その主人公には人気スターをもってくること。

3　主人公とコンビの三枚目を生かすこと。

4　内容が推理一点張りでは必ず失敗する。必ずアクションをたっぷり盛り込むこと。

5　「御用」の対象が単なる「ワル」でなく、大物であるほどスケールが大きくなる。偽善的な地位の高い者（豪商、豪農等）支配的力を持っている者。

法の裏を潜って弱者を支配しているやくざや高利貸しも同様である。

捕物名人たちは多く登場している。最初はスターの名と主人公の名でシリーズものにしようという狙いはあったろうが、なかなかそうは問屋がオロしてくれず、一発こっきりで消えてしまうのが大半である。

「捕物映画」は娯楽作品に徹するべきで、犯人探しの興味としても今日のような精密な科学的捜査の裏づけがあるわけもなし、犯人の手口などもそうむずかしいものでなく、ほとんどが捜査の名人たちのカンがものをいう。

だから洋画や現代劇のガチガチの推理ものと違って、お江戸の風物詩なども楽しませるといった〝副産物〟が添えもの的な魅力となっている。

しかしスピード、スリル、セックスの〝3S〟――いわば原色的刺戟が要求される現代では、「捕物映画」のテンポののろさ、銭形平次などに見られる健全主義の生ぬるさは飽かれてきた。

たとえば右門とか〝若さま〟ものなど、

沢島忠監督が引っぱりダコだったのも、スピーディなタッチが現代に受け入れられたからだろう。

だが、スピーディでドライに作っても、これまでの「捕物映画」のよさとされていた情緒とか味がなくなってしまう矛盾が生まれる。やはり捕物帳というのは、よき時代のよきモノだったのかもしれない。

捕物名人がやたらと強く、そしてお家騒動にまで首を突っこむなどエラくなり、スーパーマン的働きをするようになっては興ざめである。

怪奇趣味や残虐シーン、エロ・グロ場面がふえたり、コメディアンの活躍がうるさくなったり、人気歌手の唄うシーンがふえたりするのは、本来のあり方とはいえない。

そこで主人公の人物設定を変えるというテを用い出した。

松竹の嵯峨三智子主演『お夏捕物帖』や、東映の美空ひばりによる『ひばり捕物帖』のように、主人公に女をもってくるとか、高田浩吉が東映に転じ『伝七捕物帖』を失った代わりに新しく作り出した『お役者変化捕物帖』は、(『お役者変化』は松竹。高田浩吉。『お役者文吉捕物帳』は東映、錦之助）何とかいう役者と主人公霞一平が瓜二つなのを利用して、役者に化けて探偵活動をする、といった調子であった。

こういう形は人気スターの人気に安易にのっかって生み出したものに過ぎない。捕物帳の主人公がファンと一緒になって考え、解決に導くという、ファンとの一体化が理想的な形といえそうだ。

「捕物帳」の主人公は、与力、同心もいれば、岡っ引き、町奉行もいる。この人たちに一貫している法を守る、この正義感に、奉行―与力、同心―岡っ引きといったプロの活躍が、推理とアクションドラマに反映して、見る者の興趣と一種の快感を呼ぶのだ。奉行自ら潜行するケースとなると、いくら何でも行き過ぎではと疑問を抱かせるが、スターの人気とからませて、捕物の世界を賑わせているのだ。

ただ『鬼平犯科帳』の出現以来、〝捕物帖（帳）〟の表現がすっかり色あせた感じで、「捕物名人」「捕物帖（帳）」とすべきだと思う。

一時代を劃した『鬼平犯科帳』

数多く現れた捕物名人の中で、最も新しくそして最も強力といえるのが、池波正太郎の生んだ〝鬼の平蔵〟こと〝鬼平〟―長谷川平蔵だろう。火盗改メ―火附盗賊改メという。これは旗本の先手弓頭、鉄砲頭が本役の他に加役として任ぜられるもので、犯罪者の調査・逮捕が仕事である。

天明七年（１７８７）就任以来、江戸はいうに及ばず、日本中の悪党どもを戦慄せしめた鬼平は、昭和四十二年（１９６７）十二月「オール讀物」に『鬼平犯科帳』として登場以後、平成二年（１９９０）まで、総計百三十余話に及ぶ活躍で人気を得た。

平蔵は父宣雄と長谷川家の下女お園との間に生まれ、幼名を銕三郎といい、母が若くして亡くなると祖父の家で育てられ、十七歳の時に長谷川家に迎えられた。しかし義母に妾腹の子として苛められたため、屋敷に寄りつかず、本所深川を根城に無頼の徒と交わり、「本所の銕」と呼ばれた過去を持つ。それだけに下情に通じ、峻厳な一方、涙も優しさも併せ持つフトコロの深い男だ。しかもグルメときている。実に人間くさいヒーローなのだ。

　父が死んで家督を継ぎ、御先手弓頭をつとめた後、天明七年（１７８７）より火附盗賊改方長官となった。この火盗改メというのが正式に使われるようになるのは寛政八年（１７９６）以降で、それまでは盗賊監察捕盗加役といっていた。

　この組織はＦＢＩの「アンタッチャブル」みたいなもので、南北両奉行所とは別に、若年寄京極備前守直属の特別警察。御奉行職が民事訴訟なども手がける行政機関であるのに対し、刑事専門、特に凶悪な犯罪をターゲットにした捜査及び裁判機関で、活動範囲は江戸市中に限らず、必要とあれば、与力・同心を全国に派遣することができる。その場で犯人を容赦なく斬り捨てる権限を与えられていた。

　池波正太郎は作品中で「町奉行は檜舞台、火盗改メは乞食舞台」と表現しているが、それくらいシビアな職業である。

　昭和四十四年（１９６９）に松本幸四郎（後の白鸚）がテレビで鬼平を演じて以来、丹波哲郎―萬屋錦之介―幸四郎の二男中村吉右衛門と、四人の鬼平が生まれている。

　幸四郎は原作者池波正太郎が惚れこんだだけあって、重厚で情理兼ね備えた「長官」だった。第一期、第二期通じて全九十一話を撮ったが、六十歳の還暦を迎えて、体がシンドいといってオリた。年齢のせいで動きは重いが、絶対の信頼感を与えたし、妻久栄（前半は淡島千景、後半は風見章子）以下のメンバーも豪華で、人気小説の映画化を成功させた。

　昭和五十年、二代目鬼平となった丹波哲郎は、ハードボイルドな個性で、眼光鋭く、鬼平らしく、ニンに合っているようだった。そして強過ぎる。

　だが市川プロデューサーの話では「作っていても、どうも乗らなくて……」ということで、２クールで終わっている。これは池波作品の主人公に共通する、ほのぼのとした人間性、包容力のようなものが不足していたからではなかろうか。

　五十五年（１９８０）から五十七年にかけて萬屋錦之介が三代目鬼平となり、七十九話制作した。錦之介は悪くはなかったけれども、『長崎犯科帳』とか『破れ奉行』等で、この種の役柄を見なれているため、やや新鮮味に欠けた。活劇味が強すぎたのも「鬼平」の世界とズレてしまった感もある。それでも七十九話続いたということは、やはり錦之介の人気と信頼度が高かったせいだろう。だが、中村プロ倒産のため、このヴァージョンは終了する。

　決定版は吉右衛門

錦之介が終わった時、「次にやるとしたら吉右衛門」と、原作者と市川プロデューサーが話したそうだが、鬼平の年齢が四十五歳、吉右衛門四十四歳で、それに取り組んだというから、そういう点でも最適といえる。

「鬼平は三十代では出来ない。鬼平がそこにいるだけでも周りが圧倒される存在感を出すには、人間としての厚みが必要。まだ早いからと思っていたくらいで、少しずつ学んで鬼平らしさが出せたら……」と吉右衛門は、父の役を受け継ぐことについてプレッシャーもあったようだが、亡き父の背中を意識して役づくりをし、さらに自分ながらの新しい型を模索した。そうした努力が実って、十年間にわたって全八シリーズ、ほとんどの原作を消化することができたのだ。

このシリーズを通しての最大の特徴は、従来の一人のヒーローを主人公とした捕物帳と異り、部下の他にも多くの盗賊上がりの密偵を手足のように駆使したグループ・プレーであることが特色だ。

鬼平が変装して悪を探るという突出した活躍を見せるケースもあるが、大抵は悠然と構えて情報を蒐集し、悪の一味を一網打尽にする。そのしぼり込んでいくキビキビした事件処理の過程が見事なのだ。

どのシリーズでも密偵、同心役の俳優は素晴らしかったが、吉右衛門版はダントツだ。江戸家猫八の密偵・相模の彦十が、「銕っつぁん、銕っつぁん」と呼びかけるのが御愛嬌だし、密偵・梶芽衣子扮するおまさの控えめな働きも健気でいい。さらに、密偵・小房の粂八の蟹江敬三、時たま出てくる乞食坊主・井関録之助の夏八木勲、同心で剣が強い沢田小平次役の真田健一郎、〝グルメ猫〟どの沼田爆らの助演陣も好感が持てる。

そして「むかしの女」おろくとの出会いなど、いかにも江戸の粋が画面からにじみ出ていた。殊に吉右衛門版での山田五十鈴が、さすが年季の入った芸を見せた。

唯一ミス・キャストに近いのが、久栄役の多岐川裕美。どうも現代っ子じみ江戸旗本の奥方には見えなかった。

町奉行所のような大所帯でないから、まとまりがいいし、問答無用で凶賊をブッタ斬る爽快さには思わず手を叩きたくなるほどだ。〝良心的〟な盗賊の罪を許して密偵に使う、さらには盗賊と友だちつきあいをするといった他の役人には真似のできないやり方が面白い。管理社会にがんじがらめになっている視聴者にとっては痛快でさえある。もちろん鬼平も組織の人間であるから、上には逆らえない。しかしその中でメいっぱい〝人間〟らしく」組織を動かしている。信頼と親しみを一身に集める「長官」としてベストな存在だ。

四代の鬼平を通して、吉右衛門が日数が多かったせいもあろうが、最も小糸のハーモニーが合っているように思う。吉右衛門の貫禄ぶらないところが、調和をとっていたのではないか。

このシリーズ、原作の面白さを伝え

る意味もあったろうが、篇中必ず振舞われる日本料理—それも下町好みの数々—、いわば一種の遊びだが、これがドラマのスパイスになっていることを認めたい。もう一つ、これは『雲霧仁左衛門』や仕掛人・藤枝梅安にも言えることだが、盗賊、殺し屋でも、その作品の中にみな、イキイキとして活かされている。これが魅力であった。

そしてジプシー・キングスのテーマ音楽「インスピレーション」が、とても印象的だったことも書き添えておく。

テレビドラマとしては破格の一本。およそ一億単位という予算が組まれ、短篇はほとんどの原作を一度解体し、二時間に合わせた新たなオリジナルなものとして展開される。

「いつの世にも悪は絶えない。そのころ徳川幕府は火附盗賊改方という特別警察を設けていた。凶悪な賊の群れを容赦無く取り締まるために、独自の機動性を与えられたこの火附盗賊改方の長官こそが長谷川平蔵、人呼んで鬼の平蔵である」

これはTVのタイトルバックに流れる解説で、非常に分かりやすい。

時代劇ドラマがあまり作られなくなった現代でも、捕物帳ドラマが無くなることはないだろう。鬼平のように人間的魅力を十分に発揮できる原作を選ぶのが根本であることを踏まえておけば、まだまだ〝捕物帳〟の世界は広がるはずだ。ただ、鬼平の「犯科帳」によって、旧来の『捕物帳（帖）』がやけに古めかしいものになったのは事実だ。銭形平次、遠山の金さん、人形佐七等々、捕物名人の名が、鬼平によってかすんでしまったようにさえ感じるのだ。

江戸情緒の中にドップリ漬かっていたような「捕物帳」の世界が、まるでナァナァでこしらえていたような、良くいえば「甘い」人情ばなしにつながるものだった、と分ってしまった。「鬼平犯科帳」という「魅惑」の前に、過去の作品たちが色あせた感じだ。

（ながた・てつろう）

本稿は〝捕物帳〟ジャンルの映像作品で、一つの到達点と思われる、TVシリーズ『鬼平犯科帳』についてのエッセイである。

＊

永田哲朗の名著『殺陣』は、剣戟シーンすなわち〝チャンバラ〟に特化したもので、時代劇を愛する彼ならではの著作であった。それは侍と侍の勝負の世界である。しかし時代劇には庶民生活の魅力を活かした大きなジャンルがある。捕物帳だ。元祖・半七に始まり、黒門町の伝七、銭形平次、人形佐七、むっつり右門、若さま侍…それは吾国の大衆小説の歴史と表裏一体であり、これらがシリーズ化され、観客の人気を呼んでいた時代こそが、映画黄金時代でもあったのだ。むろんシリーズと無縁の単発ものの作品にも、なかなか滋味掬すべき作品のあることは、言うまでもない。

永田は現在、この一大ジャンルを総解説する本を準備中である。「日本映画人改名・別称事典」をはじめ、〝資料〟ものでは定評ある著者である。既にエスキスとなる構想は成っている。資料も日々充実しつつある。心ある出版人、編輯者の参画を待ちたい。

（編輯・丹野識）

映画監督・小平《こひら》裕《ゆたか》インタビュー（下）

『喧嘩道』へのみち

鈴木義昭

——忘れられない助監督時代の映画は、『女囚さそり』と『仁義の墓場』だけなんですか。『銀蝶渡り鳥』は記憶に残っていない。

小平　頭にない（笑）。山口和彦監督には悪いけど、付いたことすら頭にないもの。

——伊藤俊也監督も以前に書かれていますが、『女囚さそり』には東映大泉撮影所の闘争のワンシーン、ワンシーンが塗り込められている、というようなことを。

小平　伊藤ちゃんが……。

——ええ。大泉のストライキと『さそり』について。

小平　俺も、この間の監督協会のビデオ『自作を語る』でも言ったんだけど。要するに、当時、組合闘争が日常化していた訳だよ。その時に、撮影所に警察の導入という問題が起きてくる。

小平裕（2002年　撮影・筆者）

——大泉撮影所に警察まで入った。

小平　そう。それで、第一組合が、僕ら演出部を除名した。ほんらい第二組合なんて会社が作ったもので、関係はない。第一組合が最初からの撮影所組合だからね。ところが、当時の組合指導部が、僕ら演出部について突出した闘いであるということで、当時の日共指導部の方針から逸脱しているとして、僕ら演出部を除名処分した。東映東京製作所の争議、東制労闘争を支援したということでね。東制労闘争について説明すると長くなるけど。

——大丈夫です。概略はわかっていますから。

小平　そうか。闘いが激化して、撮影所への警察導入があった。だけど、「俺らは絶対に捕まらない！」と言って（笑）。伊藤俊也監督の『さそり』を撮影していた。（会社が用意する宿じゃなく）新宿二丁目のドヤに伊藤監督以下スタッフが寝泊まりして、そこから混乱する撮影所にやって来て、スタジオで「ヨーイ、スタート！」って言うわけだ。潰されることなく『さそり』を撮り続けたんですよ。

――撮影所を封鎖して闘争をストップさせる。あるいは、逮捕者を出して闘争を鎮圧するのが、会社側の狙いだったかもしれませんね。

小平　そういうことだね。旅館から監督がやって来て撮影は続行された。当時、撮影所の闘争と映画のスクリーンが、思想性をともなって一体化していた。だから『さそり』（第一作）は、俺にとっては忘れがたい映画なんだ。ちょうど、伊藤俊也さんに子供が生まれた頃だったな……。

　新宿京王プラザができたばかりで、ビルの上からナイフを投げるシーンのロケハンをしたのを憶えている。この映画と『仁義の墓場』のことは、だいたい記憶している（笑）。他の映画の助監督時代は、全く記憶にない。

――撮影は、中止になってもおかしくない。

小平　おかしくないよ。そういう状況下で、会社はどう出るか、というのがあった。所詮は会社の金でやっているからね。

　労働協約の規定で、連続して15時間以上働くことができないんだ。そうすると、時間になるとスタッフチェンジ。撮影現場に見たこともないスタッフが外からやって来る。会社がフリーを呼んでくる。メインスタッフまで代えちゃったら作品にならないから、そのまま。メインスタッフは、だいたい非組合員だからね。合理化の果てに、闘争が日常化し会社と組合の駆け引きが行われていた。当時、東映にはたくさんの組合があって、東制労闘争を簡単には説明できないほど。闘いは、複雑だったんだ。

――梅林（敏彦）さんが、１９７８年8月に「ズームアップ」で小平監督にロングインタビューした時点で、既に深作欣二、中島貞夫、鈴木則文といった人たちは社員監督ではない。社員監督は伊藤俊也監督、岡本明久、小平裕の3人しかいなかった。今から考えても信じられないことですけれど。配置転換で、ほとんど仕事のない東京映画製作所に移されたスタッフたちがムチャクチャな合理化に反対して、「東制労闘争」を延々と闘う。伊藤俊也監督と小平裕監督が「闘争」を支援し続けた。

１９７０年代というのは、日本映画の各撮影所が斜陽化と衰退の中で、大きく変質していく時代だったと思います。撮影所の映画は、どこへ行くのか。曲がり角の焦点に東映大泉撮影所があった。

小平　僕は11期生。山口和彦とか内藤誠が8期生かな。澤井信一郎が10期生。みんな2〜3本の監督作品を撮ると、会社は監督契約の話を持ってくるんだ。契約監督になった方が、最初は金になるからね。それで、みんなあんまり拒否反応はなしに契約監督になった。

――契約になったら、一本でも当たらなくて「お前の映画は要らない」って言われたら終わりでしょ。

小平　自分の才能と会社側の思惑との計算だから。そこまで疑問視しないで、みんな契約になった。契約になれば、非組合員。合理化反対闘争を担うことはできない。だから、僕はずっと社員のままだった。

だけど、それが、いま物凄く響いているよ。俺は、社員のまま定年までいないで会社を辞めた。最後は「技師補」と言って係長待遇なんだ。しかし、契約監督は「技師」として課長待遇になる。年金のベースは、全部基本給掛ける年数だから。友だちと比べると、何万も違う。それは、女房にも言ったよ。俺は、東映と喧嘩した以上、会社側には付かない。「そういう制度の中にいるから悪いな」って。

――それは、小平さんだけですか。

小平　いや、伊藤俊也と同期の脚本家で館野彰（塙五郎）っているだろう。彼とか小松範任さんなんかも、そうじゃないか。

――館野さんは早くに脚本家に転進。小松さんもテレビの演出を中心に、教育映画の仕事などをされました。

小平　俺からすれば、小松さんとか館野さんという人が、映画監督として自分の映画を撮ったら、どんな映画を撮るだろうと思うよ。

――塙五郎は、梶間監督の『疵』（１９８８年）の脚本家ですね。その他は、ほとんどがテレビ作品のシナリオ。

小平　俺は、館野さんのシナリオをベースにテレビを撮っているよ。俺の中で一番好きな脚本家と言っても良い。

――人間的に？

小平　人間的にも才能的にも。だから、東映の合理化政策というのは、もう１６０名をいっぺんに何もない空間に追いやった。それから、彼らの映画人生がシャットアウトされて、どう生きていくかということになった。東映という映画会社に入っていながら、ゼロから映画人生をスタートしなきゃいけない。それはおかしいだろう？　小松さんは、『Ｇメン』を撮り始める。フリーランスの組合ができる。

　その中で、たった一人。やまざき十三だけが、漫画家になって書いた原作が『釣りバカ日誌』という映画になって。名前が売れて、70歳になって初めて映画を撮った（笑）。『あさひるばん』（２０１３年）っていう映画。だけど、俺は思ったよ、70歳まで我慢してこれかよって。小松さんと俺、招待されて観に行ったんだけどね。単に金が入って、松竹で主役をやっている人がいて成り立ったんだろうけど、その延長線上のどこにでもある映画だった（笑）。

――何か観る気がしないんで、見てないです。

小平　いや、観ないほうが良いよ（笑）。

――東制労闘争は、終結しましたね。総括としては「勝利」となりますか。現場復帰はありえないことですが。

小平　言ってみりゃ、会社と示談成立。大金を会社から取って、京王プラザホテルで解散式をやったよ。裁判も敗訴ではないし、これ以上はないよ。これ以上争えば、会社も組合も疲弊するだけ。どっちの顔を立てるというのではなく、ギリギリの取るべきものをとったということだ。詳細は、梶間俊一や藤山顕一郎が詳しいんじゃないか。

――藤山顕一郎さんというのは、確か京都出身ですよね。山際永三監督の『狂熱の果て』の発掘上映でお会いしました。

小平　藤山は、京都撮影所で『仁義なき戦い』の助監督をやったりした後、アメリカへ10年間行っていた。帰って来て、監督協会で頑張っている。俺が『仁義の墓場』のＢ班をやっている時に、東撮に遊びに来ていたな……。

――藤山さんも、京都で反合理化の闘争を。

小平　そう、京都の組合。全京組。その辺は荒井美三雄が詳しい（笑）。藤山は、途中でいても仕様がないというので、京都撮影所を辞めてアメリカへ行っちゃった。

――京都撮影所というのは、演出部が、みんな仲が悪いですね。何であんなに仲が悪いんですか？

小平　京都は、要はバラバラなの。荒井の監督デビューでも紛糾したろう。俺は、当時、石井輝男に褒められたくらいで監督デビューするなよって思ったくらいだけど。でも、彼は自分で責任は負うと言ってデビューした。でも、結局は荒井も、その後の配置転換命令に従って動かざるを得なかった。俺だったら、絶対断ったけどね。俺だったら、会社辞めたよ。辞めて映画を作り続けた。

――荒井さんは、洋画、動画、教育映画とあちこちを渡り歩かれていますね。大変な苦労だったと思う。

小平　うん。ただ、配置転換を一回でも受け入れたら、もうズルズル流されていくんだよ。自分がやりたかったのは、映画監督じゃなかったのかってことになる。最後に、暗黒舞踏の土方巽のドキュメントは作ったけどな。

――あれは、評価は高いですよ。僕も公開当時にいっぱい記事を書きましたが。

小平　あれは良かったけどな。俺は、あいつに聞いてないけど、配置転換の命令を受けるか受けないかで、全て映画人生を決めるんだ。俺にいわせりゃ、身の保全だよ（笑）。

――大いに異論ありですね。

小平　菅（孝行）、荒井論争というのもあってね。俺は、同期だからさ。今でも、二人は同期会で仲が悪いんだ。大学時代の演劇研究会以来引きずってもいるらしいが。

――菅さんは早くに京撮を辞めていますよね。

小平　彼も追いやられたんだよ。退社する前は、縁のない部署に追いやられて辞めたんだ。

――かっこよく自分から辞めたんだとばかり思っていましたが。過激な闘争を引っ張って。その後は、演劇活動や新左翼のイデオローグとして活躍された。僕らの世代的に言えば、天皇制論、演劇論なんかかなり読みましたよ。

小平　そうじゃないんだな。菅がね、おまえよく会社の言うことを聞いて、よく移ったなって思ったよ。もう、ガッカリするよ。そこら辺は、あえて突っ込んではないけどさ。そんな所にいても仕様がないからって、諦めて東映を辞めたわけさ。もともと11期では突出した頭だからね。あいつの書くものは、難しくって読めねえよ、俺は。

――40年位前にいっぱい読みましたよ。新左翼の子供たちの必読文献だった。

小平　俺は、菅の本は開いても買う気はしねえなって思った。だいたい引用が多いし。俺も天皇制大批判論者なんだけどね。『喧嘩道』なんてのは、そういう映画だから。

――菅さんは、陸軍のお偉いさんの息子さんなんですよね。

小平　いや、知らん。そうかな。聞いたことあるかも知らんな、布村（建）さんから……。

――『青い性』に話を戻しましょう。

小平　うん。16歳の鹿間ケイと山東ルシアに。

――いやいや、『青い性』は『仁義の墓場』で助監督を最後にして、小平さんが撮った監督デビュー作品。『青い性』は二つあるんですよね。梅林さんに取材でも話している。映画にならなかった『青い性』がある。

小平　そう。最初の『青い性』は同期の渋谷正行が脚本を書いたんだ。それを、会社が没にして、俺が一人で書き直して撮ることになる。非行少女の話だけど、全然違う。映画になったのは、三日間で書いた脚本だから。もうどうしようもないホンだけど、渋谷の書いたホンは面白かったんだよ。渋谷というのは、俺の同期で、東映京都からテレビ朝日に行って。フリーの人間の解雇撤回闘争に参加して、テレ朝をクビになった男なんだよ。その後に、『青い性』をあいつとやりたいと思って脚本を依頼した。映画になっていない最初のほうの『青い性』。不良少女の売春グループが一時期を経て、その中の少女の一人が、かつてのグループ仲間を一人づつ訪ねて行く話なんです。シビアに生きている奴もいまだに売春している奴もいれば、スターになっている奴もいる。愛と憎しみと優しさ。これは、ずっとやりたかった。社長がアタマの所を読んだだけで、「なんだこれは！」って捨てたらしい（笑）。俺の

東映11期生同窓会にて。後列左から２人め小平裕。右端・菅孝行。前列右から２人め渋谷正行

気負いもあってね、頭のタイトルバックは少女が海に入っていくと、その下を潜水艦が通る。潜水艦が爆発して、少女のスカートがパーッとめくれて、タイトルが出る。

——見てみたい。イカス始まりじゃないですか！

小平　「なんや、これは！」だよ（笑）全然読んで貰えなかった。

——で、急きょ書き直した脚本でクランクインする。

小平　もう意地で撮るしかなかった。

——映画になった『青い性』もおもしろかったし、好きな映画ですけどね。

小平　全然、別の脚本でインしたから。だから、この間の『わが映画人生』は、あいつに見せるのを控えていたんだよ。ダメ喰らって、もう一本別の『青い性』を自分で書いて監督デビューしたから。悪いと思ってね。

そしたら、渋谷のほうが「小平が気にするほどのことではないよ」って言ってくれた。渋谷は、今は酒場をやっていて、昨日もそこで飲んでいたんですけど……。結果として、そんなに気にすることではないと言ってくれた。というのは、山田信夫っていう有名なライターいるでしょう。

——日活の『憎いあンちくしょう』（１９６２年）なんかの脚本家ですね。

小平　渋谷と俺で書いた最初の『青い性』を山田信夫さんが読んで、「これはおもしろいじゃない」って言ってくれたらしいんだ。それで、渋谷は脚本家として山田信夫さんと一緒に『皇帝のいない八月』（１９７８年）を共作することになる。もう一本共作があるらしい。

——山田信夫は、良い脚本家ですから。

小平　『青い性』が映画にならないのは悔しかったけど、自分の映画人生にとっては、その後山田信夫と仕事ができたと言ってくれた。

——素敵な話ですね。で、ここから小平さんの映画人生も新たにスタートした。

『必殺女拳士』（１９７１年）『爆発！７５０《ナナハン》ＣＣ族』（同）『新女囚さそり』（同）『新宿酔いどれ番地・人斬り鉄』（１９７７年）『新女囚さそり・特殊房Ｘ』（同）順を追って監督作品を聞いて行きたいんですけど、どれも好きな作品ばかりですが。今日はあんまり時間がないんで端折ります！　とりあえず、以前のインタビューでも聞いているし。聞きたいことだけを聞きますね……。次の第七作目の監督作品『喧嘩道』ですが。

『爆発！ 750 ＣＣ族』撮影中のひとコマ。岩城滉一を演出する小平裕

この作品は、封印されているんですか？　封切以後、ほとんど上映されていないように思います。

小平　昨日も、渋谷の店で飲んでいて、伊藤俊也が「観てない」っていうから、「えっ、そうなの？」って言った。会社から説明も何もないけどね。ビデオにもならないしね、あれは……。

――公開が、途中で中止になりましたか。

小平　途中でね、打ち切られた（笑）。成績が良くなかったんだろうけど。最後、日の丸の旗に短刀が突き刺さるショットがあってね。あれが問題だったって言う人もいるけど。とにかく当初はもっと長かった。プロデューサーの天尾完次が「とにかく短くしてくれんか」っていうので、だいぶ短くしたんだよ。

　それから、知られていないことだけど『喧嘩道』にはたけしが出ていたんだよ。

――ビートたけし、北野武ですか。

小平　俺もすっかり忘れていて、昨日、渋谷に「あれ、どうしたの？」って聞かれて。切ったことを想い出したくらい。たけしに、当時だからツービートだね、六本木まで出演交渉に行ったことをよく憶えている。なのに、どうしてたけしの出演場面を切ったかが思い出せない（笑）。渋谷が、俳優としてその場面に出ていてね。あの頃は、７８００フィートの尺にうるさかった時代でね。尺に合わせるために切ったんじゃないかと思う。

撮影所の所長室を使って撮影をした。たけしが、いきなり所長室のテーブルの上に乗っちゃって、芝居したのだけは記憶している。打ち合わせもないと言っても、たけしと簡単に話をしないわけはない。ところが、なんでたけしがあんな芝居をしたのかが、さっぱり想い出せないんだよ（笑）。

――ツービートが面白いと思って、監督が交渉したんですか。

小平　いや、知らなかったよ、おそらく。天尾完次の推薦。俺のタレントへの興味というのは、その程度のことだから。今なら世界の北野武だけど。いや、今の北野武のバイオレンス映画は嫌いじゃないよ。

――ビートたけしの映画初出演は、『喧嘩道』になるはずだった？

小平　そうだと思う。そもそも脚本にはない場面でね。プロデューサーの売り作戦で、わざわざ撮り足しするために交渉したんだ。そいで、そのシーンに俺の親友の渋谷も出てたのに。それが、切ってしまってないんだよ。

――残念ですね。北野武初出演の映画で想い出されたかもしれない。それはそれとして、脚本に小野沢稔彦さんを起用したのは、なぜですか？　あの理屈っぽい文章で知られる小野沢稔彦と「平凡パンチ」連載の人気劇画との組み合わせが知りたいです。

小平　だから、さっきの話の流れで説明するとね。「悲の器」っていう高橋和巳の原作を映画化する企画が、渋谷正行監督、小野沢稔彦プロデューサー、伊藤俊也シナリオライターであったんだよ。それで、主演に緒形拳の出演交渉まで順調に話が進んだ時期があるんだよ。結果としては、お金が集まらなかったのか。伊藤俊也、小野沢稔彦、渋谷正行の三すくみの人間関係が壊れてダメになったのか。今となっては、俺にはわからないけど。

――東映作品ですか。

小平　フリーだよ。相当に昔のことね。その時に背負った借金を、小野沢は、働いて働いて返したんだ。渋谷は入れ込んで、自分の家の近くにマンションを借りて、渋谷事務所を開いて映画の準備をした。緒形拳と良いところまで話が進んだ。だけど、最終的に上手くいかなかった。俺は、伊藤俊也とも親しいし、渋谷とは大親友だしね。なんで壊れたかっていうのは、何十年も両方に問わなかった。ある時に、もうそろそろいいじゃないかって、渋谷に「おまえ、なんでこうなったんだ？」って聞いた。それで、渋谷はポロっとしゃべったかな……。伊藤俊也とも別個に会って聞いたことがあってね。そしたら、「渋谷はそんなに口の固い男か」と伊藤さんなりに感心してね。俺は、渋谷も伊藤俊也も親しいから、二人をある時に会わせる会というのを渋谷の店でやってね。実は、昨日はその二回目だったんだよ。

――小野沢さんも来ていたんですか？

小平　小野沢は、来ないよ。小野沢は、神波史男の死んだ後の会合で、伊藤俊也批判をやっていた。『プライド』という例の映画について。伊藤俊也の反論というのもあって、ともにどっかの雑誌に掲載されていると思う。

――なるほど。そういう経緯ですか。だいたい了解できました。それで、小野沢さんを見込んで脚本を書かせたんですね。『喧嘩道』って、封切の時に見た記憶はあるんですが、すっかり忘れています。そんなにつまらない映画だとは思わなかったんですけど……。若い人たちが、多くの東映ファンが観たがっているんですけどね……。

小平　そうか。ありがとう。『喧嘩道』は、ちょっと観念的でわかりにくかったかもしれないという反省はあるけどね（笑）。

――小平裕作品は、なぜ、こんなに上映されないんだろう。顧みられないんだろうというのが、多くの東映映画ファンの気持ちです。やはり会社と闘い続けたからでしょうね……。

　さて、ここからは、以前の「小平インタビュー」から、いくつか採録しておきたい。今回の取材、前篇冒頭にお断りしたように『仁義の墓場』をめぐる事柄がメインテーマである。久方ぶりにお会いした小平さんと、積もる話があり過ぎて、あっちに飛びこっちに飛びして、いっこうにご本人亡き後に整理がつくようなレベルでない会話が続く。取材者も回答者も言いたい放題。途中から、小平さんの古巣のような新宿ゴールデン街に飲みにも出かけた……。「そんなに撮ってないよ」という小平さんの劇場映画だが、見直したい傑作娯楽映画ばかりである。

小平　俺、東映の娯楽映画だっていくらでも作ってやれるぜという形で、『必殺女拳士』（76年）とか『爆発！

７５０《ナナハン》ＣＣ族』(同)とか、その後の東映プログラムピクチュアに入っていったわけだよね。でも、何か最初からそもそも東映向きじゃないっていう思いはあったわけ。この前も監督協会で『東映大泉撮影所を語る』(映像作品)という座談会があって、だいぶそういうことしゃべったんだけどね。

小平　『７５０《ナナハン》ＣＣ』だって後半、こっちが全部書き変えちゃった。逃げる暴走族と追っかける権力の象徴のパトカーだけで、延々とやっちゃったんですよね。そういう意味では、ある程度映画に入っちゃえばね、映画に入る前に問題起きるとすぐ飛ばされちゃうけど、一回クランクインしちゃえば意外とこっちの勝手でやれちゃうんだよ。

小平　最終的に『喧嘩道』(79年)っていう映画で、あれは天皇制批判なんだけど(笑)、問題が起きて上映打ち切りになっちゃう。メチャクチャな映画なんだけど、ラストで日の丸にナイフを突き刺すシーンがあってね。それを自衛隊員が見てね、たまたま自衛隊の休暇日でね、新宿東映と浅草東映の事務所に怒鳴り込んで来たんだよ。それで会社がビビッて一週間くらいで上映中止になっちゃった。

以上『狂おしい夢　不良性感度の日本映画』(１９８８年)より。インタビュアー・鈴木義昭。

小平　ここ一年間は、けっこうテレビを手がけてきました。今年は、『警視庁殺人課』のオープニングと中身を五本、去年は『ドーベルマン刑事《デカ》』を八本。僕がテレビの演出を始めたわけは、ここ何年か映画から遠ざかっているので、頭の中がドンになってはいけない、ということで(笑)。それと、今までの東映の内部には東制労闘争をふくめていろいろありましたが、それが東京撮影所としてテレビ制作を開始するという方針になったので、関わっているわけです。

以上同書より。インタビュアー・川崎宏／初出「マイノリティ」第8号１９８２年1月発行。

小平　なんか、今日はみんな裏話になっちゃうけど(笑)。あれ(『新宿酔いどれ番地・人斬り鉄』)は、文ちゃんものがどうしても4月に欲しいという話が出て、「七人の鉄砲玉」というホンをまず出したんですよね。ところが、文ちゃんが「新宿酔いどれ番地」っていう歌を出したでしょう。それで、文ちゃんサイドから「新宿酔いどれ番地」という題をくっつけてくれというようなことがあってね。だから、ほとんど前半を書き直したんです。新宿ゴールデン街なんか無理に入れたりしてね（笑）。

　最初のホンでは、元レーサーとか元ボクサーという何かわけのわかんない連中が、お互いに過去のことも

『新宿酔いどれ番地・人斬り鉄』で、菅原文太、成田三樹夫を演出する小平裕

聞かないで、今日は東、明日は西という風に流れて行く。本当に乾いた青春ものだったんですよ。ああいう日本人的な情の世界じゃなかったんです。

　まあ、見る側にしたら映画そのものだけが判断材料なんだから、こういう裏話をして弁解したって何にもならないんだけど、これほどさように一本の映画を撮る場合でもいろんなことがあるわけです。自分の反省点としてもありますしね。

　以上『シネマドランカー・荒野を走る監督たち』より。インタビュアー・梅林敏彦／初出「月刊ズームアップ」１９７８年８月号。

小平　会うのは東映の同期だけだよ……。同期の奴がいちばん親しい。中学、高校、大学。学生時代の友人よりも。俺はね。学生時代、たまさかその期間、一緒にいただけでね。どういう生き方をたたかわせたのかということが大事なわけでね。同じ釜の飯を食うっていうだろ。だから、大学の同期会なんて、ＮＨＫの偉い野郎が演説をぶつような会になって、面も見たくないからもう行かない（笑）。
　それがさ、今は作り方が違う。製作委員会って何か作る時だけ集まって、終わるとサーッといなくなって

さ。名前もあとではわかんない。そういう淡いつながりで、物事が作られていくからね。それはそれで、手を挙げれば監督なんだ。自分が書いて、バイトで１００万でも50万でも貯めて、そいでキャメラで撮って、どっかに投稿して、それが評判になれば。ユーチューブで世界中で評価がとれればいっぺんで映画監督と呼ばれる。映画撮影所の機構そのものがいらなくなった。

だから、耳年増っていうかさ、何か自分で映画を見て映画の本を読んで、映画のノウハウは映画学校かなんかで勉強してさ。だいたい俺の経験からすると、映画学校を出てきた奴は何の役にも立たない奴ばっか。テメエどこ出て来たんだ？　そんな奴ばっか。ポケットに手を突っ込んで、カメラの前に立っているんだよ。テメエ、コノヤロー何しに来たんだ！　って怒鳴ったよ。

こんな話が夜遅くの結びだった。小平裕監督との対話は、途中から場所を新宿ゴールデン街の「風の森」へと移動し、若いころカウンターに並んでしたエンドレスな会話のように続いた。その全部を採録したら、まだまだ過激になりそうだ。だが、今回はここまで。伊藤俊也監督『プライド』批判などは、いずれまた僕自身のテーマとして再考してみたい。

映画監督協会製作のビデオ、『小平裕・自作を語る』を上映し、東映時代から、その後のフリーランスまでの小平作品を、かつての名画座時代のように大特集したい。今回は触れられなかったが、中国大陸に日本のＳＬの勇姿を追った『真っ赤な動輪』（１９８２年）とタイガース・メモリアルクラブバンドの懐かしきＧＳサウンドに乗せて綴る青春ミステリーの佳作『ぼくと、ぼくらの夏』（１９９０年）は、一度じっくり論じてみたい。小平裕の失われた可能性を深堀りしたい欲求に駆られる。

「キネマ旬報」に書かせていただいた追悼文にも書いたが、小平監督は、赤狩りでハリウッドを追われながら『ローマの恋人』などの脚本を経て、晩年に『ジョニーは戦場へ行った』を監督したドルトン・トランボの話をよくした。自分も、そんなふうに一本だけ撮りたいと。願いは叶わなかったが、小平裕が撮りたかったが撮れなかった作品たちから遡行して、小平裕作品を巡る旅をいつかしてみたい。これにて、とりあえずの「了」とする。

（すずき・よしあき）

シネマニアの桟敷席①

ザ・グリソムギャングという桟敷

谷川景一郎

映画マニアにとって究極至高の夢は、好きな映画を私《わたくし》することだろう。映画館で一人きり、何なら酒にツマミを添えて映像の世界と戯れる……。かつて深作欣二はクエンティン・タランティーノの自宅に招かれた際「こちとら六〇本から撮って普通の家、あちら数本で自宅に映画館か」と彼我の資本力の差を慨嘆していたが、レンタルビデオショップの店員だったタランティーノにとって、自宅でビデオではなく映画そのものを観られる環境は、やはり極上のアメリカン・ドリームだったろう。翻って我が国でも、自宅に映画館は叶わぬまでも……。映画を観るには要するに素材と環境があれば良いのであって、フィルムや上映素材は各社から借り受ける事が出来る。金額は会社によって異なるが数万円、何とかならぬものでもない。後は上映できる環境と映写技師さえあれば。その「さえ」こそが難題なわけだが、そこで資金を出し合って会場を借りるなどして上映会を開く人々や、あるいは上映会場と技師を貸し出す店が、ごくごく少数ながらも存在する（した）。

「シネマバー　ザ・グリソムギャング」（神奈川県川崎市多摩区）はその名の通り、バーと二一席のミニシアターを併設した店舗。二〇〇二（平成一四）年八月以降上映会を実施し、入館する施設の老朽化に伴い二〇一三（平成二五）年一一月四日を以て閉館となった。映画館とバーはビルのエントランスを挟んで個別に営業しており、入口もスペースも完全に区切られていた。映画は各社から借り受けたフィルムでの上映にこだわり、館主が自身で映写技師を務めていた。館名（『傷だらけの挽歌』の原題）で分かる通りに館主の嗜好は名作洋画だが上映作品はそれに限った事ではなく、最初の上映は『狂い咲きサンダーロード』。続けて『猿飛佐助』、『戦争のはらわた』、『サスペリア』と多彩なラインナップが並ぶ。これら映画は平日夜などに有償上映会が行われたが、それとは別趣旨のイベントが主に土日祝日の昼間に開催された。

その映画上映会の特色は、映画会社から借り受けた映画をフィルム上映することに加え、監督や脚本家、俳優など上映作品所縁のゲストを招いての上映後トークショー、その後に場所をバーや近隣の飲食店に移してゲストと酒食を共にする懇親会というアフターイベント（別途費用・任意参加）まで行われていたことだ。無論ゲストの来館は常に叶うわけではないが、その場合は別のゲストを捜したりもする（大きな声では言えないが、ゲストは基本的に善意・好意で来館していたようである）。かくして、映画を私する夢が叶う上、ゲストと深く濃い時間を共に過ごす事も可能となる。この上映会によって様々な映画マニアがこの店に集合し、更に多彩な上映会が毎週のように開かれていたのである。マニアにもそれぞれの領域というかカテゴリがあり、特撮、アニメ、ポルノ、アクション、ヤクザ映画……が主勢力で、部分的に人員の重複があったがカテゴリを越えたマニア同士の交流はあまり見られなかった。またこれも館主の趣味で、桃月庵白酒による落語（映画にちなんだ演目）が上演されるイベントも定期的に開催された。

　私がこの店を知ったのは、ここから徒歩数分の所に住んでいたという僥倖による。店の前は何度か通りかかっていたが、映画館は上映がない時に閉じた扉を見ても何の施設か分からず、バーはアメリカンカジュアルな外観で、あえて入る気がなかった。だが二〇〇六（平成一八）年五月末、前月に没した黒木和雄監督の追悼として『浪人街』の上映、そしてゲストに石橋蓮司という貼り紙が目に止まり、思わずバーのドアを潜った。店内はバーの店長（館主とは別人）が集めた映画ポスターが壁と言わず天井と言わず貼り巡らされ、随所にフィギュアやグッズが陳列された実に濃い空間だった。六月三日に予定されていたイベントは既に満席だったが、補助席で良ければと言われ即答で了承した。

　上映会当日。映画は無論のこと初見ではないが、大画面による新たな感動に打ち震え、石橋による黒木監督や撮影時の思い出話に浸り、近くのお好み焼き屋で開かれた懇親会では石橋と直に言葉を交わしさえした。もちろん大勢の参加者が集う為、石橋との会話は参加者同士で譲り合いの精神を必要としたが。残念ながら当日の細かな話の内容は記憶にないが、映画で原田芳雄演じる荒巻源内は求めなくても女が靡く一方で、石橋が演じた母衣権兵衛のあまりの堅物ぶりが話題になっていた際、石橋が発した「あいつは童貞だ」という一言に大笑いしながら我が意を得たり！　と膝を叩く思いだったことを覚えている。

　以後、様々なイベントに金と時間の都合が付く限りは参加し（何せ相当な遠方からやってくる観客が多い中、徒歩で通っていた私は最短距離の常連だったと思う）、様々な映画人と映画マニアを見聞した。特撮系では何といってもひし美ゆり子、アニメ系は原恵一の来場が多かったようだ。私の趣味はヤクザ映画メインだったが、このカテゴリでは名和宏、柏原寛司、関本郁夫らが何度もゲストとして招かれた。作品ではここの常連たちが醵金してニュープリントを焼いた『博奕打ち　総長賭博』や『トルコ渡り鳥』、さらに主演のひし美ゆり子が自費でニュープリントを焼いた『好色元禄㊙物語』、とある事情でDVD発売が中止となった『番格ロック』を観たイベントが印象深い。東映以外では日活ニューアクション三羽烏の小澤啓一、澤田幸弘、長谷部安春の謦咳に接した事は、忘れ得ぬ思い出である。違う系統では『リボルバー』で荒井晴彦、『祭りの準備』で中島丈博と江藤潤、『市民ポリス69』で本田隆一、桐生コウジ、酒井敏也、『鉄人28号』で冨樫森……。思い出すままに振り返ってみたい。

（たにがわ・けいいちろう）

証言はどちら側からも
彼女は、置き去りにされた妻、なのか

川喜多英一

「日本浪曼派」同人の面々、則ち保田、中谷、芳賀、浅野たちが、戦後も昭和54年になって出した雑誌『浪曼派』（出雲書店）。ちょい前に藤島泰輔ほかの若手が始めた『浪曼』に刺激されたのか。あちらが誰しも知る執筆者ばかりなのに、こちらの顔ぶれときたら、旧同人の面々と、（世間的に）無名の人、って布陣。ここがまた〝異議申立てが同人誌の本分。ジャーナリズム売出し用の見本市じゃない〟（大意）という『コギト』の出発宣言を連想させて好ましい。

創刊号から連載の杉山美都枝「野の花」。伊豆の寒村に育った幼少年期の回想で、百姓仕事の手伝い、農村の風習（どんど焼き、おんべ講）、友人との遊び（土地のわらべ唄）などが坦々と記されている（ちなみに杉山女史、旧『日本浪曼派』誌では、同人費の集金係もやっていた）。

それが第5号（同年12月）で「野薔薇」と題して杉山智恵子の想い出を語り始める。演出家・杉本良吉の夫人である。昭和7年のころ、作家同盟主催の文学講習会が駿河台の文化学院であった。官憲の介入で中止、解散となり、家路につく美都枝の前を、黒のコートに鼠色の毛皮の襟を上品につけ、襟足すれすれの断髪、白粉気のない、意志の強そうな眉の、美しい人が歩いてゆく。「あら、あなたもここ（国電の駅）から……」。この時から二人は親しくなる。智恵子は筆名を志賀英子といい、美都枝の妹と同姓同名、同年。杉本の婚約者で元ダンサー、当時は日劇建設事務所のタイピストだった。

過労がたたり喀血したと聞き、智恵子を訪ねると、夫と弟を刑務所に送ったというのに「湯上りのようなさっぱりした顔」で、人前では涙を見せない気丈さだったという。智恵子が恢復したら返すつもりでスーツを買う美都枝。「ふしぎね、こんなに寸法が同じだってこと」。智恵子がついに療養所に入ると、杉本への差し入れ用の図書目録を作りに、ひとり留守宅へ出向く美都枝。女同士の友情が美しい。

保釈で出てきた杉本は妻の面会に行き、面会時間が短いので、彼女が毎日書く日記を、隣のビルの屋上の妻のベッドから見える場所で読んでいた。智恵子のほうでも夫と共にソ連に行くつもりでロシア語を勉強、あちらでは短波放送もするからと、それ用の名前も考えていた。琴瑟相和してるとしか思えない。しかも二人の健康のため、正月には暖かい伊豆（美都枝の故郷）へ行きたいとの杉本の希望で、美都枝は熱海の静かな宿を紹介する。

そこまでしたのに、杉本は明けて正月3日には岡田嘉子と手に手をとってソ連に越境する。このとき初めて智恵子は涙を見せた。その後のジャーナリズムのひどい扱いに智恵子は無言で押し通す。「婦人公論」での手記は、劇作家・村田修子の「一度は書いておいた方がいい」との慫慂によるものだった。その手記にも「落ちつけば仕ごとを始め、やがて私のところへもきこえ

『椿姫』の岡田嘉子。〝逃避行〟事件の相手でもある竹内良一と

てくるでしょう」とあり、自分のところへ必ず帰ってくると信じていた。岡田嘉子についても、演出家には有り勝ちなこと、くらいに考えていたらしい。離れてはいても、けして「置き去りにされた妻」の意識は無かったのだ。そして越境の同年11月、智恵子は階段から落ち背中を打ったのが原因で死ぬ。せめてもの慰めは、杉本の母が彼女に罪悪感を抱き、常にいたわっていたことだ。棺の中の嫁の胸に倅の写真を置き「かんにんしてくださいましょ」と言ったときは泣かない者とてなかったそうだ。中條百合子を除いて（笑）。

美都枝は言う。岡田の自伝『悔いなき命を』（廣済堂出版昭和48年）は自分を美化した小説であり、芝居である、と。昭和12～13年の杉本との日記がそれで、あれは愛でも愛情でもない、痴情である、と。また、鶏を飼って卵を売り、家計の助けにしていた、ともあるが、自分は「バンタムの声もレグホンの声も聞いたことがない」。そのうえ「鏡台前にずらりと並んだ化粧品の代金で智恵子さんの一ヶ月の生活費になると杉本さんが言ったのでお金を渡した」など愛人の貧乏ぶりをバカにしたくだりも美都枝は許せない。

昭和47年の岡田帰国、自伝出版の段階で、いい加減中っ腹だったろうが、この文章を発表する前月の「文藝春秋」で沢地久枝が智恵子を取上げ「おきざりにされ見棄てられた女」と書いたせいで、岡田のインチキな自伝が孫引きされ続けている！と怒りが沸いてきたのだろう。沢地も表現が無神経なんだよね。

とはいえ、こんなマイナー誌での発表じゃ、世間には届かないのが実際のところ。映画研究業界も映画業界どうよう左だから、右翼雑誌まではチェックしない。よし見かけたとしても〝野史〟であり、正当な資料とは認められません、と捨てられるだろう。或る「文化史年表」なる本を読んだら、〝右側〟の文士と作品は、どんなヒット作でもキレイにネグってあって逆に感心した。そんなもんだ。

（かわきた・えいいち）

楽屋話など　第五回

ポケットの奥のジョン・フォード

猪股徳樹

映画音楽

映画音楽は重要なファクターなので、著名な音楽家を動員してサウンドトラックに曲を重ねる。悲しい場面は音楽の力で、うんと悲しくさせる。フォード作品で音楽を担当した主な音楽家を記する。

アルフレッド・ニューマン

『人類の戦士』『ハリケーン』『若き日のリンカン』『モホークの太鼓』『怒りの葡萄』『わが谷は緑なりき』『ミッドウェイ海戦』『真珠湾攻撃』『ウィリーが凱旋するとき』『栄光何するものぞ』

マックス・スタイナー

『肉弾鬼中隊』『世界は動く』『男の敵』『スコットランドのメァリー』『捜索者』

リチャード・ヘイゲマン

『駅馬車』『果てなき航路』『逃亡者』『アパッチ砦』『三人の名付親』『黄色いリボン』

ビクター・ヤング

『リオ・グランデの砦』『静かなる男』『太陽は光り輝く』

スタイナーの『肉弾鬼中隊』『男の敵』はアカデミー賞受賞。『三人の名付親』の酒場のピアニストはヘイゲ

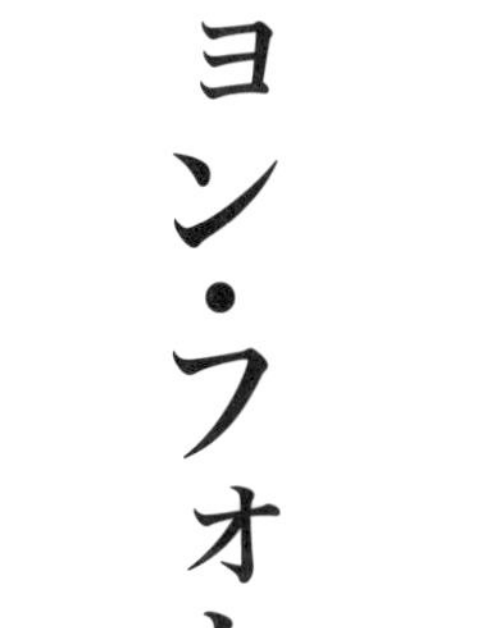

『太陽は光り輝く』のジョン・ラッセル

マンご自身。もちろんこの4人はフォード以外でも、膨大な数の映画の音楽を担当している。このクラスの音楽家は自前のオーケストラの楽団や自分のスタジオを持つ。

映画作品には、これに劇中挿入曲が入る場合が多い。フォードの場合、アイルランド民謡系や、開拓者が歌い繋いだ民謡をコーラスグループに歌わせたりする。スターが場面の中で歌う事もある。そんな各種音楽をプロデュースするのも、映画音楽家の仕事なのだろうと思う。

『The Last Outlaw』の、役に立つ話

１９４３年、ジョン・フォードは持ちネタの『The Last Outlaw』をハリー・ケリー主演で企画したが、リパブリック社の反対で没になる。フォードとしては復員後1作目の長編物だったが、会社にしてみれば、これは3度目のリメイクにあたり、「おい、またかよ！」という感じだったのだろう。

そもそもはこうだ。１９１９年の1年間でフォードは15本の映画を製作した。内容は、シャイアン・ハリー物が7本。ピート・モリソン物が4本。それ以外が4本となる。その、それ以外の中に2巻物の小作『The Last Outlaw』があった。本邦未公開で『最後の無法者』と訳されている。

月日は経ち、ハリー・ケリーもフート・ギブスンも出演依頼はめっきり減ってしまった。１９３６年にフォードは元気を出せよと二人のために、この原案をリメイクさせた。自分ではメガホンを執っていない。邦題は『無法者仁義』。そして戦後、ハリー・ケリー主演で再々リメイクを企んだが実現はしなかったという経緯である。

ハリーは１９４７年に他界してしまうが、翌年、ハリーのシャイアン・ハリー最後の作品『恵みの光』を『三人の名付親』の題で、トップスターのジョン・ウェインでリメイクさせ、息子のジュニアをフォード一家にデビューさせた。１９５９年の『騎兵隊』にはフート・ギブスンを23年ぶりに呼び入れている。我々もギブスンの人となりの勉強になった。

『太陽は光り輝く』にまつわる、すべらない話

１９３３年、フォードはウィル・ロジャースという、元カウボーイで稀有な人間味あふれる俳優に出会い、彼

を主役に、立て続けに『ドクター・ブル』『プリースト判事』『周遊する蒸気船』を世に放った。しかしウィルは飛行機事故で亡くなってしまう。落胆の極みのフォードは『プリースト判事』のリメイク案を胸の中で温める。そして19年後に『太陽は光り輝く』の題で、その夢を叶えた。

ケンタッキー州の小さな町に住む、仲良しオヤジ5人組の物語。この5人は、南北戦争で南部連邦の兵卒として軍務を共にした戦友だ。ちょっと待てよ。南北戦争なんて40年も前に終わっているではないか。それは、この5人だけでなく、この町にも多くの従軍経験者がいる。元北軍もいれば、元南軍もいて、毎年それぞれの連隊ごとの退役軍人の会を開催している。当時の軍服に身を包み、国旗を掲げ、ラッパを吹き、最敬礼をする。もう幸せ一杯。国家に忠誠を誓ったという純粋な共通事実が、いつまで経っても退役者たちを強い絆で結びつけているのだ。

この5人はと言うと、元ラッパ手のプリースト（チャールズ・ウィニンジャー）は、今はこの町の裁判所の判事をやっている、この物語の主人公だ。元衛生兵のルーク（ラッセル・シンプスン）は医者で、診療所を開業。アンディ（ミッチェル・ルイス）はシェリフ。旗手のジミー（ポール・ハースト）は鍛冶屋。同じく旗手のフェルスバーグ（ルドヴィク・ストッセル）は衣類店を営んでいる。

裁判所は大きな犯罪も無いし、家庭裁判所や身の上相談所も兼ねているようだ。プリースト判事の懐の深さに、問題を抱えた人々の列は途絶えない。

バンジョーを弾かせたらやたらと上手いが、仕事はしない黒人少年（U・S・グラント）を叔父が連れて来る。つまり少年が被告人で、叔父が原告と言う事か。判事はその少年に仕事を紹介するが、少年が「デキシーランド」を弾き始めるや、判事は裁定に手が付かない。執事のジェフ（ステピン・フェチット）はハーモニカを合わせ踊りだす。ついには、判事はラッパを吹き出す。仲間たちはノリノリで法廷に集まる。裁判所がこの調子だから、この町も推して知るべし。40年前の軍歌「デキシーランド」の前では、何もが許されるのだ。

この町には、この5人の上官にあたる、「将軍」も住んでいるが、引きこもっている。息子がいたのだが、娼婦と出来上がって子供を産ませ、自分はやくざ絡みの横死をしてしまったのだ。将軍は人前に出る事をやめ、産まれた子を孫として認めない。娼婦の母親は子供の将来のため、町から出て姿を消した。そのため、元部下のルークが身元を引き受け、５人の仲間で育て上げたのだった。

　時はながれ、その女の子ルーシー（アーリン・ウィーラン）は立派な大人に成長し、今はこの町の学校の先生をしていて、子供たちに好かれているが、自分の出生の秘密は知らない。

　折しもルーシーの母親である老娼婦（ドロシー・ジョーダン）がこの町に舞い戻って来た。重い病を患って自分の死期を悟り、仲間の元に戻ったのだ。女はルークの病院に担ぎ込まれ、うわ言でルーシーの名を呼んだ。自室にいたルーシーは、自分の名前を呼ばれた事で、真実を知り。瀕死の母と対面する。

　圧巻は死んだ娼婦の葬儀だ。遺体が乗る葬儀馬車の後にプリーストが一人参列しているではないか。プリーストは自分の選挙の真っ最中なのだが、故人はルーシーの母親なので、葬儀に参列したのだ。それを見た他の４人も後を追い参列する。ライバルの北軍軍人会代表の消防署長を始め、町の要職の面々が次々と加わり、遂には全てを受け入れたルーシーが女たちの馬車に乗り込む。ルーシーの恋人のアシュレィ（ジョン・ラッセル）までも。葬列はどんどん伸びていく。ルーシーの祖父、引きこもり将軍が、全てを許して教会に駆けつける。教会ではプリーストが聖書の一節を読み上げる。

　何故、多くの市民までが、娼婦の葬儀に参列したのかの説明は、相変わらずフォードはしてくれない。クリスチャンとして参列したのか。夜の遊びで世話になったからか。多勢に倣った日和見か。筆者は、この町もまた理想郷「フォードランド」であり、純真無垢のオヤジ達が子供の様に目を輝かせる寓話を、フォード一流のヒューマニズムをベースに映像化させ、まず自身が楽しんだと察している。

　そのため、本作品には重たいストーリィは無い。様々な登場人物が織りなす小話を上手に紡いで映画にまとめている。しかも全員が善人。悪人は強いて挙げれば、バック・ラムゼィ（グラント・ウィザーズ）ただ一人。そして配役にはスター級は一人もいない。脇役たちが頑張って、楽しんで作った作品だ。

　この物語は１９０５年で、すでに20世紀に入っている。退役軍人会に姿を現したのは、アライグマの帽子のバックウッズマンのフィーニィ（フランシス・フォード）と若い相方のスターリング（スリム・ピケンズ）。バックウ

弟の作品を支え続けたフランシス・フォード翁

ッズとは、未開の森林のこと。持ち歩く銃は、先込め式のケンタッキー・ライフル。

おそらく銃床はこの地のヒッコリー材かメープル材だろう。スリムも多くの西部劇で脇を支えた西部男なのだが、フォード作品は本作品のみで、残念なことだ。フィーニィはライフルの他にどぶろくビンを持ち歩く。そしてケンタッキーは全米第一のバーボンの生産地。

隣のテネシー州も併せて、この地には酒にまつわる大ぼらが多いようだ。「川の水を汲んだらウィスキーだった」とか。フランシスはこのようなアル中のギリギリ一歩手前を演じ続け、本作品が遺作となってしまった。

なんと、この会には執事のジェフもいて、その当時を語っている。スターリングにしろジェフにしろ、40年前に志願兵だったストーリィは年齢的に無理なのだが。フォードはこんなミスは平気の平左だ。

この町には消防組織は出来上がっているが、どうやら北軍退役軍人の就職先のようだ。警察機構はまだ無く、5人の仲間の一人のハーマンが保安官（シェリフ）をやっている。副保安官が一人いて、その下に臨時の助手（クリフ・ライアンズとチャック・ヘイワード）の2人がいて、この町の治安を守っている。アメリカは現代でもシェリフのシステムがあって、警察機構と複雑にからんでいる様だ。

泣かせるのは、19年前の『プリースト判事』の執事ジェフが、本作品でも、プリースト判事の執事ジェフの役で、相も変わらず右手で左耳を掻いている。更には、14年前の『若き日のリンカン』と本作品の両方で、法廷書記官を演じたルイズ・メイゾン。同じく両方で判事の政敵を演じたミルバーン・ストーンなどがいる。一口に一家と称しても、何か篤い人間関係がそこにある。フォードはこうやって一人で楽しんでいるのだ。

『太陽は光り輝く』のステピン・フェチット

ラストシーンのパレードはプリーストの選挙の勝利を祝うものか、南北戦争がらみの記念行事か。筆者の勝手解釈だと、フォードは、このパレードに本作品に登場した人物全員を再登場させ、「デキシーランド」をバックに、オンパレードのパレードを用意したのだと解釈する。儀仗馬の演技を皮切りに、最初に登場するは、「消防隊のブラスバンド」続いては「南部退役軍人会」「トルネード部落民」「士官学校の候補生」「主人公の５人組とフィニィたち」「合衆国陸軍」「愛国婦人会」そして最後に「黒人グループ」。プリーストは感激極まり、涙でグショグショで自室に引き下がる。たぶん独り酒をあおり、泥の様にベッドに沈み込む事だろう。今日１日はプリーストにとって、いろいろ有り過ぎた。そして翌朝ジェフに起こされて、判事プリーストの１日が始まる。日はまた昇り、太陽は光り輝く。

１８９８年の米西戦争が終わり、１９１４年、第一次世界大戦に参戦するまでの、この国の束の間の平和なひと時の、ある田舎町の物語である。

原題の"The Sun Shines Bright"はフォスターの名曲"My Old Kentucky Home"の出だしの一節。ラストシーンのパレードで、最後のグループの、使用人の黒人たちと、命を助けてもらったバンジョー少年が歌った。ケンタッキー州々歌でもあり、この名曲は、日本でも誰もが口ずさんだ、お馴染みの御当地ソングだ。

隣のテネシー州は音楽の州で、州都のナッシュビル市は、音楽産業の都市として大きく栄えている。今は「カントリーミュージック」のジャンルで親しまれているが、当初は「ウエスタン音楽」と呼ばれ、さらにその前は、ケンタッキーを含めたこの地の、呑べェ達の酒のみ地歌だったのではないだろうか。アル中の歌。場末の酒場の歌。そこの天使のような女の歌。家庭崩壊の歌。こんな歌にホラを混ぜて、自分を正当化させた。やがて、この人生むき出しの歌は商業ベースに乗り、ウエスタン音楽へと進化したのではないだろうか。現在、世界の人々から親しまれているカントリーミュージックの出発点に、このケンタッキーの呑べェ達のホラ話、与太話があったのだと思えば、愉快ではないか。

忘れられないセリフ

「毎朝飲むのは、心臓の燃料だからだ」

「南軍の代表は、彼らの旗を我々に貸して下さった。（カッパラった旗を返してくれた）」

「彼女は善人でした。ただ、人生に流されてしまったのです。」

「その中身は？」「命の水です」

【字幕を転記】

〈脇役紹介〉　この憎めない執事ジェフを演じた、ステピン・フェチットを紹介したい。この人は、そのキャラが受けて、ハリウッドの人気者になり、一夜にしてビバリーヒルズに豪邸を持つ大スターになったのは良いが、その後、黒人問題が絡み、仕事は激減してしまったのに、豪遊が止まらず、その果てに文無しになって、ハリウッドから姿を消してしまった。

『プリースト判事』『周遊する蒸気船』『太陽は光り輝く』で、全く同じキャラクターの人物を演じた。

『駅馬車』にまつわる、すべらない話

8人の男女と胎内の赤ん坊を乗せた駅馬車は、アパッチの蜂起を百も承知でトントの町を出発した。残雪が凍る寒い朝だった。この8人は町を出る理由は皆なそれぞれ持っていた。その説明と人物紹介を一点の無駄も無く、極めて短い時間で、フォードは私たちに伝えてくれた。その映像表現を、ことさら文章での再説明は、するべきではないだろう。

ただ、保安官カーリー（ジョージ・バンクロフト）のローズバーグへ向かう理由は、バックグラウンドがあるので説明を加えたい。

ここ、トントの保安官事務所に、脱獄、逃亡中のリンゴー・キッド（ジョン・ウェイン）の指名手配書が届いた。

保安官は、駅馬車の馭者バック（アンディ・ディバイン）の話から、ローズバーグにはルーク・プラマー（トム・タイラー）がいる事を知る。リンゴーの脱獄の目的がルークへの復讐であれば、先にローズバーグへ着いてリンゴーが現れたら逮捕が出来る。それでカーリー保安官は、ローズバーグ行きの駅馬車の護衛として搭乗したのだ。カーリーは若い頃、リンゴーの父親たちと一緒にカウボーイをやっていた。父親には自慢の息子が２人いた。しかし、父親と弟はルークに殺され、法廷ではルーク側の嘘の証言で、逆にリンゴーが投獄されてしまったのだった。17歳のときである。復讐を誓ったリンゴーは、遂に脱獄して、プラマー兄弟を追ったのだ。カーリーが馭者バックとの会話で言ったのは、「リンゴーはルーク兄弟には勝てないだろうから、対決の前に、無傷で監獄へ戻したい」と、リンゴーに対してひたすら無事を願う、我が子のような愛情を抱いていたのだった。

　それぞれの会話から徐々に判った事は、医師ブーン（トマス・ミッチェル）とドライフォークの宿主ビリーは同じ部隊にいた戦友である事。ブーンは、向かい合っている頭取ゲートウッド（バートン・チャーチル）の妻の「矯風会」によってトントから追放された事。賭博師ハットフィールド（ジョン・キャラダイン）は変名で、本当は、名門グリーンフィールド家の嫡男で、父上はグリーンフィールド判事である事、ハットフィールドはルーシー（ルイーズ・プラット）の父親の部隊にいた事、アパッチウエルズの宿主クリスはリンゴーの父上と友人だった等々が判ってきて、ストーリィに厚みを持たせる。

　リンゴーの生まれ故郷でもあり、少年時代に多くを学んだその牧場は国境を越えた先にあって、脱獄したリンゴーは、その牧場にたどり着き、馬とライフルの支援を受けたと思える。

　トントを出てしばらく進んで小さい川を渡った先で、1発の銃声がとどろく。道端に立っているのはリンゴーではないか。どうやら馬を失って鞍を担いで、駅馬車の経路まで歩いたようだ。保安官はリンゴーを武装解除させ、自分の監視下のもとで馬車に乗せた。

　２つ目の中継所のアパッチ・ウエルズで、将校夫人のルーシーは子供を出産してしまう。そのルーシーを一晩中、寝ずに介護し、赤ん坊を抱くダラス（クレア・トレヴァー）の母性愛に、リンゴーの心は強く引かれ、結婚を決意するが、17歳で監獄に入ったリンゴーは、ダラスの素性は知る由も無い。そして求婚。当然、酒場女は売春行為を兼業している。ローズバーグへ着けば、いずれバレる話だ。娼婦ダラスの苦悩が始まり、後半の軸になる。ダラスは「プラマー兄弟への仇討ちを諦め、私と国境の彼方に逃げて欲しい」と言う、リンゴーからの求婚に対しての返事をした。しかし、目の前の丘から、アパッチの狼煙《のろし》が上がる。一同、慌ただしくもこの場を立ち去るが、前方にいたアパッチの待ち伏せ部隊の猛攻を浴びる。

ここからフォードはあらゆる効果技術を駆使する。カメラを地面スレスレに埋めて、その上を馬車や馬を走らせる。矢が2本馬車に「ドスン、ドスン」と突き刺さって攻撃の第一波が始まる。銃を撃つと一コマブランクを入れる。そして音響だ。インディアンが白人を襲うときは、かん高い奇声を発するのがハリウッドの相場だが、ここでは効果音だけで、奇声を一切入れていない。西部劇だから銃声が鳴り響くが、嬰児の頭の近くに着弾して「ビーーーーン」という音。それもこっちは銃弾が尽きたときだから何とも憎い演出。腹に響く蹄の音「ドドドドッドドドッ」。撃たれて落馬する音「ドサッ、ドサッ」。一コマブランクが本当にあったのかは伝説の域だが、調べた人がいる。曰く、トマス・ミッチェル、ジョン・キャラダィンが、拳銃を撃ったアップのときにあると言う。

この運命共有者たちの武器は、保安官のショットガンとポケットには幾ばくかの散弾。腰の拳銃はベルトごと客室のブーンに渡す。屋根の上のリンゴーはライフルを連射。賭博師ハットフィールドは護身用の拳銃で応戦。最後の一発はルーシーのためのものだ。そしてほどなく、全員の弾は尽きる。

この音響を担当したのがロバート・パリッシュ。この人は元々子役の俳優だった。フォード作品には子供の小さな役で『マザー・マクリー』から『周遊する蒸気船』まで10作ほど出ているが、思う所があったようで、きっぱりと俳優業を辞めて、編集の見習いになる。そして『駅

一コマブランクを入れたとされる、ジョン・キャラダィンの射撃シーン

馬車』では録音を担当する。この音響効果は元俳優パリッシュの成せる技なのだ。パリッシュはフォード監督のもとで編集技術と録音技術を学び尽くし、『怒りの葡萄』では、アカデミー録音賞にノミネートされたが、やがて、フォードのもとから羽ばたき、最終的には監督として長くこの世界に残った。ロバート・テイラーの『西部の旅がらす』などを監督した。

　この映画史に残る名作はアカデミー賞を獲っていない。作品賞はおろか監督賞もだ。それは、超大作『風と共に去りぬ』と見事にバッティングして、全部持っていかれた。ハリウッド人は、こっちの偉大なる超大作の方を評価したのだ。かろうじてトマス・ミッチェルが助演男優賞を獲ったが、この人はチャッカリと『風と共に去りぬ』にも出ている。トム・タイラーも、あっちに出ていた。ヤキマ・カナットは両作品でスタントマンコーディネーターを務めている。

　アパッチ襲来のシーンはある意味、ヤキマ・カナットの独壇場とも言える。リンゴーが客室から屋根に移るシーン。激走する馬車の屋根の上で応戦する。先頭の馬に飛び乗り撃たれ、6頭の馬の間をくぐり馬車の下もくぐる。馬車から馬の背に飛び移り、次々と前の馬に飛び移って先頭の馬まで進む。同じ馬車で何度ものスタント。おそらく撃たれて転馬する大勢の中にもいるのだろう。この後フォード監督は、ヤキマのとても危険な離れ業のスタントとは別のイメージを育てて行く。そのためヤキマの出番はなくなってしまった。しかし酒のみ仲間である事には変わりはない。フォードのその後のスタントシーンはクリフ・ライアンズの仕切りの下で、スタントマンのフォード一家が形成され、ドタバタシーンはフォード映画の文化財となっている。

　ここで少しだけ横道にそれさせていただく。映画史に残る『ベン・ハー』は超大作に相応しく、デーンとカメラを据え動かさないで物語を進めた。これまた映画史に残る戦車競走のシーンでは突然、馬車とカメラは激走を始める。静から動へ、素晴らしい組み立てだ。このチャリオット・レースのシークエンスはヤキマ・カナットが監督をしている。子分のスタントマン達を投入し、息子のジョー・カナットとタップ・カナットも参加。宿敵メッサラはあらゆる汚い反則でライバルを次々とつぶすのだが、自分の馬車も破壊し引きずられ、後続の馬に踏み殺される。この後続の馭者はクリフ・ライアンズである。『向こう見ずの男』では馬車から馬へ、そして先頭の馬へ進む〝おはこ〟をドン・マレーの吹き替えで、息子のタップが父親に倣ってやっている。他にも沢山あるのだろう。

この時代の渡河のフェリーボートは、筏《いかだ》である。この渡し場の筏は焼かれてしまった。そのため、馬車自身がザブンと川に入って渡らなければならない。馬車は樫の木で出来ているので浮くのだが、9人の乗員の重さは受け止めきれない。超デブが2人いるし、それに赤ん坊もいる。これでは馬車をスイスイと渡すわけにはいくまい。一番困ったのは監督自身だろう。ここで再びヤキマが登場する。ヤキマは即アイデアを提出した。「浮力に見合った太い丸太を、馬車の両側に縛り付ければ良い」ヤキマの言う通り、丸太を縛り付け馬車はちゃんと浮いて再びカメラは回った。何故そこに長さも太さも丁度いい丸太が、しかも2本あったかは、問うべきではないだろう。ここはハリウッドなのだから。まあ、監督を擁護するならば、筏を組んだ木材が余っていたとか。

「Honky Tonk Angel（ホンキートンク エンジェル）」というハンク・ウィリアムズの名曲がある。場末のうすら汚れた安酒場で働く、心の優しい天使のような女のこと。ボロボロに疲れ果てた殿方を、全身で癒して慰めてくれる。そんな酒場女が実際いたかは知る由もないが、フォードはダラスにそれを求めた。

馬車がアパッチに襲われたとき、ダラスは嬰児を抱きしめ、窓に背をむけて自分の体で窓を塞いで、嬰児の命を守った。家庭を持ち、自分の子供を抱く幸せなど、およそ叶わぬダラスは、たまたま乗り合わせた他人の子の命と、自分を引き換えようとしたのだ。

リンゴー対プラマー兄弟の決闘は、フォードは映像をあえて作らなかったが、我々は、いくらでも創作できる。筆者はこう思う。リンゴーは、1対3の決闘で、兄弟をどう処刑するかのシュミレーションを、収監中の有り余る時間の中で、何度も何度も繰り返し練習した。リンゴーの得物はライフルで、本編では、拳銃は一度も身に着けていない。決闘では、ライフルの長い射程距離を優位性として、ルークをまず倒す。あとは、小心者の兄弟たちを一人ずつ仕留めていったと思われる。

全てが終わったリンゴーは、見事に父と弟の仇を討ったとも言えるが、脱獄、逃亡して3人の人間を殺害したとも言える。しかし、今のリンゴーにはダラスがいる。リンゴーは人を愛する事と、心に平和を手に入れたのだ。カーリーとブーンはその事を誰よりも判っている。だから2人はリンゴーとダラスの逃亡を支援した。2人を馬車に乗せ、暗闇の中に追いやった。夜が明けた頃には、馬車はローズバーグから遠く離れた荒野を走っているだろう。そして、目の前には国境。これを越えてまもなくリンゴーの故郷の牧場に着く。父親が途中まで作った我が家が住む人を待っている。牧場主はリンゴーをすぐにもカウボーイとして、雇用するだろう。

　ローズバーグの保安官（デューク・リー）は、思いがけずに公金横領犯のゲートウッドの身柄を確保できて、その事務処理に追われたのか、リンゴーとプラマー兄弟による市中銃撃戦の現場には現れず、法の介入はなかった。これは、介入しないという支援をしたと思いたい。どうやらここローズバーグには、プラマー兄弟憎しで、リンゴーシンパの市民がいるように思える。リンゴーとダラスの逃亡用の馬車の用意も、市民の支援があってこそと思える。

　本作品はユナイテッド・アーティスツ・ジャパン社が輸入した。故淀川長治氏はここの社員で、本作品の宣伝を担当した。まずは邦題を決める。スタッフからは『地獄バス』『炎の馬車』などが提示され、ほぼ決まりかかったそうだ。淀川は猛烈に反対して、自分の進退をかけて『駅馬車』を推した。何故バスなのか。何故邦題が難航したのか。それは日本では〝乗り合いの馬車（ステージ・コーチ）〟というものを誰も想像できなかったのだろう。我々にとって使い慣れた言葉「駅馬車」は長さんの発明した言葉なのだ。ちなみに、Stage は宿場、Coach は乗り合いの意味である。

　本作品のもう一つの主役である「馬車」は、同じ形の駅馬車を2台、コレクターから借り受けて、撮影に入った。1台はモニュメントヴァレーでのロケ用に、もう1台は激走シーンや渡河に耐えられる実務用で、ルサーン・ドライレィクに配置された。モニュメントヴァレー用は、名門メーカーのコンコルド社製の特別仕立てを借り受け、丁寧にヴァレーまでトラックに乗せて運んだと言われている。フォードのヴァレー愛のこだわりなのだろう。2台の馬車は、別々の場所で、別々の時間帯に撮られ、編集して、「1台の駅馬車の旅物語り」にしている。さらには、スタジオの中には、アップ用の動かない幾つかの馬車があるわけだ。

　この馬車の運行会社は「Overland Stage Lines 社」である。オーヴァーランドは、大陸横断輸送の意味。この当時、駅馬車の運行会社は、それこそ沢山あったと思われるが、フォードの西部劇には、他には「Wells Fargo社」が登場する。ウェルズ・ファーゴ社は、現在でも金融最大手の有名な会社で、その当時は、駅馬車運航事業で、西部開拓に貢献していた。

ここで筆者の主観だが、忘れられないセリフを拾い上げてみた。

「私には妻と5人の子供が……」「では男だ。どこから見ても男だ」

「嫌われたものだ。監獄から社交界へ直行は無理だ」

「リンゴーが求婚を。私では駄目？愛し合っていても？良いと言って」

【字幕を転記】

〈脇役紹介〉

ヴェスター・ペグ

ローズバーグにたむろするプラマー3兄弟の一人、チビのハンク・プラマーを演じたヴェスター・ペグを紹介する。フォードが監督デビューしたときから23本の作品で、狡猾な悪役を一手に引き受けた盟友。小心者の役ならペグにお任せ。最後の作品となった『荒野の決闘』でも、ドクが怖くてゲームの途中で家に帰ってしまうカード仲間の役。

ナバホ族の皆さん

アメリカの人口は3億3０００万人。その中で先住民族は約３００万人（１００人に1人）と言われている。その中でナバホ族は17万人。約半分の9万人は居留地を離れて都会に出た。残りの8万人のナバホ達もほとんどが混血して純ナバホ部族は少ないらしい。ナバホ族は他の部族と比較して政府には従順な部族に分類され、居留地も元々住んでいた、故郷のアリゾナに広大な土地が与えられた。その広さは北海道の面積に近い。他の部族の居留地に比べ例外的な厚遇である。おそらく、優等生の見本に使われたのだろう。さらにナバホ族は独自の憲法と法律の制定が許されていて、アメリカ政府から独立した形をとっている。アリゾナ州、ユタ州には多くの国立公園が点在していて、当然モニュメントヴァレーもその中の一つだが、国立公園ではない。ここはナバホ族の民族公園である。

日本のジョン・フォードファンは、モニュメントヴァレーに、生涯1度は訪れる。聖地巡礼の旅なのだ。そして、ナバホの方々に会って、フォードが盛んにロケをしたあの時代に触れられると、勝手に期待する。だが行ってみるとその願いは裏切られる。彼らはとても無口で、私が唯一覚えたナバホ語で「ヤタヘイ（今日は）」と言っても返事はもらえなかった。フォードの下で誇り高くも、はつらつと働いたであろうナバホ達ではない。それもそのはず、最後のエキストラを務めた『シャイアン』からでも60年近く経っている。おそらく早婚の彼らは、もう何世代もが受け継がれて、この谷で暮らしているのだ。彼らは過去より今日を生きる事が大事なのだ。我々だって同じさ。自分の3代とか4代前の御先祖様より、自分は今日の仕事をどう片づけるか、今夜の飲みものは何にするかがとても大事で、その事で満タン状態のはずだ。第二次世界大戦では、ナバホの若者は誇り高くもアメリカ国民として徴兵に応じた。彼らは太平洋の島々で激しく日本軍と戦った。アメリカ軍は島々間の連絡の無線は暗号化して交信したが、優秀なる日本軍は暗号をたちまち解読してしまった。アメリカ軍はそれではと、英語をナバホ語に翻訳してから暗号化した。それを実行したのが有名な「ナバホ暗号部隊」である。日本軍の中にナバホ語が解る人などいるわけもないので、ナバホ兵を拉致して翻訳させた。拷問もあったらしい。アメリカ軍は拉致された同胞のナバホ兵を狙撃して口を封じたという説もある。この事件を映画化したのが『ウィンド・トーカーズ』。

一般的に端役の俳優やエキストラはそれ専門のエージエントから仕事が入る。そのためどんな端役でも記録は残る。またユニオンに属するので、労働した記録が残るはずだ。映画会社側にもスクリプトの記録が捨てられなければ残っている。IMDbなどのデータベースはそれらの記録から掘り起こしたものだと思う。ところがフォードロケ隊への協力者たちは現地採用のエキストラの立場なので、ハリウッドのシステムとは関係なく、独自の記録も正確ではないようで、IMDbにも間違いが生じる。その間違いの箇所はボグダノヴィッチ や リンゼイ・アンダーソンのフィルモグラフィに伝わって行く。

タコ（タコス）という料理はメキシコの主食で、コロナビールに良く合う。ナバホの主食にもナバホタコスがある。トウモロコシを粉にしてこねて丸く厚いベースを作り、焼いてパンにする。これを油で揚げる。トウモロコシの揚げパンだ。甘くて美味しい。この上に焼いた羊の肉をドッサリ乗せ、この地の野菜類を乗せて豪快にかぶりつく。このタコスを土地のバーボンのロックで食べてみたいが、ナバホネーション内は、酒は飲めない。昔は良く飲んだようだが、依存症になるまで飲み続けるので、独自の法律で禁酒制をしいたとか。そのためロケ隊にも禁酒制がしかれる。どこまで守られたのかは、いまだに不明。

　ナバホ法の事であと少し。仮に日本からモニュメントヴァレーを訪れるべく、カリフォルニアに着いたとする。ここで時計を日本時間からアメリカ時間の太平洋タイムゾーンに合わせる。そのときの時期が3月から11月の間だとすれば、サマータイム実施中なので、合わせた時間を1時間進めなければならない。仮にユタ州経由でアリゾナ州に入るとする。ユタ州は中部山岳タイムゾーンなので、時計の針をさらに1時間進める。そしてアリゾナに入ると、この州はサマータイムシステムを採用していない事でとても有名で、1時間戻さなければならないが、ちょっと待ってくれ、ユタからアリゾナに入ると、そこはナバホネーションなので、ナバホ民独自の法律で、アリゾナ州の中だが、サマータイムを採用していて、先ほど戻した1時間を、今度は1時間進める事になる。つまり、そのまま。

　更に厄介な問題があると言えばある。宿泊するハリー・グールディングのロッジは、地図を拡大すると、ギリギリ州境を超えたユタ州に位置する。敷地の中を州境が通っているのだ。そのため行政上、ここのアドレスはユタ州にしてある。それがどうしたかと言えば、日本のフォードファンは、モニュメントヴァレーとアリゾナ州は固く結びついている。巡礼する聖地はアリゾナ州なのだ。ハリー・グールディングのロッジこそ、フォードのモニュメントヴァレーロケの出発点なのだ。だから神聖な聖地なのだが、行政はバッサリと、ここをユタ州にしてしまったと言う、観光業者から見れば、一寸引っかかるが、この地の赤い砂を見ていれば、どうでも良い問題だと思うのだが。

（いのまた・とくじゅ）

《映画の見かた》の見かた㊺

女性作家のおしゃべり変化球

重政隆文

　映画と小説、漫画にはストーリーという共通の基盤があるが、それぞれ媒体が違うので表現の仕方もまったく違う。映画批評を書く小説家や漫画家はけっこういるが、それが優れているかどうかは個人の資質による。

　さて、映画界同様、文学界もおおむね男性社会である。女性の比率がぐんと低い。昭和時代の小説家による映画に関する文章のアンソロジー、根本隆一郎編『文豪文士が愛した映画たち』（２０１８年1月、筑摩書房、ちくま文庫）には小説家のべ五十人余りの文章が収録されているが、その内、女性小説家は林芙美子一人である。

　編者は「文芸に関するものとは異なり、純粋に一映画ファンとして表現出来る『映画評』『映画エッセイ』というステージは、作家たちにとって、より自由で遊び心が発揮出来るものだったのではないかと想像され」（１４９頁）ると書いている。では、なぜ女性が林芙美子だけなのか。どの分野でも言えることだが、女性の考えや意見をもっと取り上げてもらいたいものだ。

　そこで、女性小説家二人、井上《いのうえ》荒《あれ》野《の》・江國香織の対談集『あの映画みた？』（２０１８年6月、新潮社）を取り上げることにした。この二人は三十年来の友人で、二人とも本と映画が大好きだという。

　江國香織の小説やエッセイはいくつか読んでおり、特にエッセイでは気に入った本がある。彼女の小説を原作とした映画は六本ある。辻仁成との共作が原作となった『冷静と情熱のあいだ』（２００1年、中江功監督）はひどかったが、『きらきらひかる』（１９９２年、松岡錠司監督）や『落下する夕方』（１９９8年、合津直枝監督）などは楽しく見た。

　一方、井上荒野の小説はまだ読んだことがない。彼女が原作を提供した映画は韓国映画を含めて六本あるが、私が見たのは『結婚』（２０17年、西谷真一監督）と『あちらにいる鬼』（２０２２年、廣木隆一監督）のみである。

　荒井晴彦脚本の『あちらにいる鬼』を見ている最中、既視感に襲われた。原一男監督のドキュメンタリー映画『全身小説家』（１９９4年）で見たシーンが再現されているのだ。その時になって初めて、私は井上荒野が井上光晴の娘であることを思い出した。そういえば『全身小説家』の最後に瀬戸内寂聴が登場していたなあと思った。映画『あちらにいる鬼』は、井上荒野の父親と母親、父親の愛人（瀬戸内）の三角関係を描いている。

　といっても、『あの映画みた？』には瀬戸内が荒野に、父親の心情を伝える話が出てくる。『世界の果ての通学路』（２０１2年、パスカル・プリッソン監督）について出てきた井上の発言。

　昔、瀬戸内寂聴さんが教えてくれたんだけど、うちの父が、ランドセルを背負って、「行ってきます」と家を出る私を見て、「この子はこんな大変な世界に出ていくんだ」と思って涙が出たって言ってたんだって。はじめに聞いた時は、父がそんなこと言うはずがないと思ったけど、この映画を観たら本当に言った気がした。（１４７頁）

井上光晴は荒野の母親＝妻には言わず、愛人にだけ言った。そして、愛人である瀬戸内は平然とそのことを荒野に話した。それを荒野も平然と受け止める。光晴も光晴なら、瀬戸内も瀬戸内、荒野も荒野である。このあたりは文学者的風土なのだろう。

さて、井上荒野と江國香織がテーマを決めて映画についておしゃべりをしてまとめたのが『あの映画みた？』だ。おしゃべりレベルなので内容は薄いが、時々、気のきいた話が出てくる。「はじめに」で、この本の出来上がる過程を井上が記している。

私も彼女も、物語というものを本当に愛しているのだと思う。ストーリーや脚本は言うに及ばず、映画という表現方法に特有の、音や音楽やカメラワークも、もちろん物語の一部になりえます。相手がまだ観ていない映画について説明するときも、ふたりとも観ている映画について順番に語り合うときも、そのたびに物語が書き足され、あるいはまったくべつの物語としてあらわれることもあり、それが本当に面白くて仕方がない。（5～6頁）

結果的におしゃべりが仕事になったので、酒は飲まずに話したと書いている。むしろ二人とも好きなお酒を介してしゃべった方が、ハメが外れて、読み物として内容がもっと広がったのではないかと思う。

この本で面白いのは、二人ともハートウォーミングな（心あたたまる）映画が好きではないという点だ。感動的になりそうだと警戒する。ディズニーにも嫌悪感をもっている。その種の屈折は小説家として魅力的だ。二人ともジブリ嫌いというのもいい。理由は「子供がノスタルジーを呼び起こすための道具だったり、大人社会批判の道具になっているのがどうもね」（１２８頁。江國）ということである。ジブリファンが圧倒的に多い現在、これほどのことを言うのには勇気がいる。

だから、普通の女性とは感覚が違う。例えば冒頭の「いい女」という項目。『髪結いの亭主』（１９９０年、パトリス・ルコント監督）の花柄のワンピースを着た妻をエロママと呼ぶ。「全体的に『ぞんざいな感じ』な女であるところがよかった。本能だけに忠実で、ほかのすべてに対してはぞんざいという感じがカッコよかったんだな」（15頁。井上）。そのエロママが『ハモンハモン』（１９９２年、ビガス・ルナ監督）でもお母さん役をやっているのもいいし、『バクダッド・カフェ』（１９８７年、パーシー・アドロン監督）のマリアンネ・ゼーゲブレヒト、『郵便配達は二度ベルを鳴らす』（１９８１年、ボブ・ラフェルソン監督）のジェシカ・ラングなどをいい女と考えている。つまり、女の良し悪しを決めるのは、容姿ではなく精神的なものなのだ。「自分の中のつじつま、っていうのは重要なポイントだね。自分で決めたら、それが社会的に正しかろうと正しくなかろうとやり遂げる女」(19頁)がいい女なのである。

一方で『裏窓』(１９５４年、アルフレッド・ヒッチコック監督)のグレース・ケリーは、主人公を「サポートするというよくできた女」(20頁。江國)だから嫌であり、「映画の中で、グラビアっぽい美女をいいなと思うことはあまりない」(21頁。江國)のだそうだ。男性の「いい女」観とも大いに違う。

では「いい男」についてはどうか。例えばトム・クルーズだが、「誠実すぎるんだよね。たぶん顔の造りが。昔っぽい二枚目っていうか。誠実すぎる顔で一生懸命行動すると、何か過剰な感じになるんだと思う」(35頁。井上)ということで、井上はクルーズが全力疾走しているシーンを見ると笑うという。『トップガン』(１９８６年、トニー・スコット監督)で井上の興味が向くのは飛行シーンではない。「訓練の合間にビーチバレーをする、その場面がすごく好きなの!」(76頁)。男しかいない世界がいいというのだ。そういえば続篇にも同様のシーンが含まれていた。

同じことは『おとなのけんか』(２０１１年、ロマン・ポランスキー監督)にも言える。「ジョディ・フォスターのヒステリックなくらい真面目で杓子定規なところとか」(39頁。江國)を見ると笑えてくるという。これは誰でもそう思うところだろう。

作家ならではのストーリー構成に関して、『ブエノスアイレス』(１９９７年、ウォン・カーウァイ監督)を取り上げて井上は次のように言う。

> こんなに好きなのに、思いが強すぎて逆にだめになる。だめになるのがわかっているのに、戻らずにはいられない。こういうのは小説で書くのはなかなか難しい。(69頁)

子供映画に関しては、『ポネット』(１９９６年、ジャック・ドワイヨン監督)のような「撮ってる人が、この子可愛いだろって思っているところがいや」(１３７頁。江國)で、『友だちのうちはどこ?』(１９８７年、アッバス・キアロスタミ監督)のように「子供が途方に暮れた顔をするときがいい」(１３８頁。江國)という価値観も正しい。

ただ、二人のおしゃべりには厳密でないところがいくつかある。例えば、『やわらかい手』(２００７年、サム・ガルバルスキ監督)についての次の江國の発言である。

> 孫のために手で男の人を慰める仕事をする女性の話。穴から手だけ出して男の人に快感を与える仕事で、手だけだから年齢は関係ないし、しかもゴッドハンドなの。それでお金を貯めて病気の孫の手術代を稼いでいる。普通だったらやらないようなことを自分の責任で選んでやっているし、決めた以上は最後までやり通

す。そこに全然気のとがめがないところが恰好いい。（24～25頁）

これに呼応した井上は「ああいう役を引き受けたマリアンヌ・フェイスフルもいい女だと思うな」（26頁）というだけである。

問題は「穴から手だけ出して男の人に快感を与える仕事」の部分である。意味が分かるだろうか。そのような下品な話を、いい年をした分別ある女性が、恥ずかしがらずに書いている。そのこと自体は大いに称賛したいが、映画をもっとちゃんと見てほしいと思う。私が説明してもいいのだが、まずは映画と社会風俗に詳しい川本三郎の文章を紹介する。出すのは手ではない。

「やわらかい手」はマリアンヌ・フェイスフルがロンドンのフーゾク店で丸い穴から差し出された客のペニスをしごいてやる話だが、店のオーナーは「この商売は東京で知った」といっている。（川本三郎『時代劇のベートーヴェン　映画を見ればわかること３』、２０１０年４月、キネマ旬報社、１５０頁）

川本はその種の店を荒木経惟の写真集『東京ラッキーホール』で知ったというが、私は違う。荒木が当時、毎号、写真と記事を載せていた写真雑誌『写真時代』（白夜書房刊、今は休刊）においてだ。同時期に『写楽《しゃがく》』（小学館刊、同じく休刊）という上品な写真雑誌もあったが、私は下品な『写真時代』の方が好きだった。『写真時代』の編集長・末井昭はしばしば警察に出頭し、始末書を書かされていた。そのあたりは末井の『素敵なダイナマイトスキャンダル』（１９９９年４月、筑摩書房、ちくま文庫）に詳しく書かれている。その『写真時代』で荒木の新しい写真がどんどん紹介される中に、「ラッキーホール」の写真もあったのだ。エロ雑誌を読んでいて思わぬところで役に立った。何でも勉強しておくものである。

小説でも映画でもそうだが、読み終わった後、見終わった後の感覚について、江國が書いている。

小説も映画も次々に新しいものが生れます。読んだ本も観た映画も私はすぐに忘れてしまうのですが、それでも、架空の世界からはみだしてくる力には作用があり、現実と非現実の往復を、すればするほど体力がつきます。映画館で映画を観終え、一歩おもてにでたときのあの違和感……。現実の方が現実味を失っていて、おもしろい。（２０３頁）

映画を見る前と見終わった後で、映画館の外の風景が違って見える、というのはよく聞く話である。特にいい映画を見た時は痛感する。そのことを言っている。虚構が現実を侵食するような感じか。ここまで書いてくれているのだから、彼女が自室でDVDや動画配信を見ているのではなく、映画館派であることを信じたい。

（しげまさ・たかふみ）

映画論叢のバックナンバー

●品切れ　1号／2号／4号／8号／11号
●在庫僅少　7号／14号／16号

【28号】高宮敬二自叙伝／横浜モダン・北林透馬／日本ロボット映画
【29号】B・クリステンスン研究／中田康子インタビュー／談志追悼
【30号】小森白インタビュー／B・ラ・マール伝／仏家庭映画小史
【31号】伊沢一郎・日活の青春／翻訳映画人・東健而／『殺人美学』再評価
【32号】70ミリ映画女優・上月左知子／土屋嘉男インタビュー／改題縮尺版
【33号】小笠原弘インタビュー／松竹キネマ撮影所／東宝レコード
【34号】阿部寿美子自伝／ラッセル・ラウズ監督再評価／福宝堂完全リスト
【35号】鬼才W・グローマン／アルモドバル本の誤訳／佐々木勝彦語る
【36号】ルーペ・ベレス／東映東京の〝血と骨〟／動物モノの巨匠A・ルービン
【37号】マイ・ゼッタリング／A・ド・トス／ブルーバード映画とロイス・ウェバー
【38号】西村潔〝お蔵入り〟の真相／J・ガーフィールド／『警視庁物語』
【39号】レムリ一族の興亡／原一民のみた黒澤明／ウェンデル・コリー
【40号】映画監督・三船敏郎／ディック・パウエル／和製ターザン樺山龍之介
【41号】河合映画・由利健次／『ファンタジア』／アードマン・アニメ
【42号】『どろろ』映画化／近藤経一／W・ベンディックス／全勝映画大調査
【43号】中川信夫の教育映画／東宝ビデオレンタル黎明期／A・ケネディ
【44号】小倉一郎、村井博のみた加藤泰／東独映画／フォード一家名簿
【45号】大船スタア園井啓介／ジョン・ギャヴィン／新東宝・大貫正義
【46号】『自動車泥棒』・和田嘉訓／歸山教正周辺／ビスタ・サイズの誤解
【47号】大映・小野川公三郎／ヘンリー・コスター／J・ウェインと仲間
【48号】ジョン・ファロー／『ジョアンナ』研究／森下雨村の映画／堺勝朗
【49号】田口勝彦による東映東京／ロリー・カルホーン／スコープ・サイズ
【50号】『二十歳の恋』田村奈巳／『2001年』半世紀／J・チャンドラー
【51号】三上真一郎追悼／『サロメ』女優／ビデオとワイド画面／岸田森
【52号】製作者・奥田喜久丸／カーレースと映画／『一寸法師』映画化
【53号】画家としてのスタア／J・スタージェス／テレビの画面サイズ
【54号】オーディ・マーフィ／オクラ入り『殺人狂時代』／ミスタンゲット
【55号】ジミー・ウォング／デジタル時代の画面サイズ／L・ノーラン
【56号】岡本喜八未映画化作／旗本退屈男研究／浅香光代ストリップ剣劇
【57号】満映の岩崎昶／フィルムIMAX史／楯の會と三島映画
【58号】ハワード・ダフ／歌うスター高田浩吉／ルイス・ギルバート
【59号】保篠龍緒『妖怪無電』／日活歌謡映画／フォードと軍人／森卓也

【60号】ワンカットが俺の青春―東宝俳優・西條康彦インタビュー　小関太一／シネラマの商業的成功　内山一樹／新劇俳優TV吹き替え列伝　千葉豹一郎／女剣劇スタア・筑波澄子　飯田一雄／戦前池袋・大東亜劇場回顧　冬樹薫／深田金之助の成人映画　東舎利樹／リバイバル上映徹底追跡　最上敏信／水木洋子TVに挑戦　奥薗守

【61号】映画研究者・畑暉男追悼　川本三郎・猪股徳樹・田口史人・佐藤洋／シネラマの興亡―継ぎ目のない新方式へ　内山一樹／作曲家・渡辺宙明追悼　谷輔次／関本郁夫の未映画化作品『六連発愚連隊』完結編　谷川景一郎／「総集編」とは何か　最上敏信／水木洋子、心霊の世界に挑戦　奥薗守／邪論！　正論！　はた快楽　浦崎浩實

【62号】お嬢さん東宝を探険・古池みかインタビュー　小関太一／シネラマの興亡・強湾曲スクリーン　内山一樹／『釣天井の佝僂男』研究　二階堂卓也／東映監督・小平裕インタビュー　鈴木義昭／ストリップの終焉　飯田一雄／百歳俳優・河合絃司　五野上力／「再映」研究・完結篇　最上敏信／水木洋子のXYZ・最終回　奥薗守

●映画論叢バックナンバーのうち、No.3～No.18まで（各号840円。送料樹花舎負担）のご注文は樹花舎へ。メールあるいはファクスでご注文ください。ファクス：03-6315-7084
メール：kinohana@nifty.com
No.19以降は国書刊行会へ。一部1000円＋税。

独立系成人映画再考
脚本篇④

ピンクスター山本昌平、脚本にも手を出す

東舎利樹

天知茂（1931〜1985）は「映画論叢58」の真木淑夫の項などでもふれている俳優&歌手だが、天知の《アマチフィルム》が製作&ロマンポルノ枠で公開された『秘蔵版　日傘の女（84）』では天知が〝宇寿木純〟名義で脚本&監督も担当。なお『〜日傘の女』で北村役を演じた中海《なかうみ》加《か》津《つ》治《じ》（1953〜）は富山県出身で「幻之介世直し帖／第21話：敵か味方か悪鬼の館（82・2・28放送）」「私鉄沿線97分署／第4話：幸せイミテーション（84・11・18放送）」「花の乱／第19回：東軍西軍（94・8・7放送）」といったテレビドラマや鈴木敏行「NIGHTMORE（83／38分／16mm）」深作欣二「上海バンスキング（84）」市川崑「八つ墓村（96）」といった映画などの他に、御園座さよなら公演「ふるあめりかに袖はぬらさじ（12・5・3〜6／御園座／留吉〈町人客〉役）」や《戟党　市川富美雄一座》の座員として「破天荒奉行〜オランダ凧は闇討ちの合図〜（17・7・14〜16／一心寺シアター）」「お役者小僧（21・10・9／木川劇場／子分役）」といった舞台などに出演。『〜日傘の女』で金田駒蔵役を演じた喜田晋平（1957〜）は石川県出身で松竹の大部屋俳優だったとき天知と知りあった（檀ふみ司会によるテレビ東京のトーク番組「素敵なこの人」の83・9・19放送回には天知のほかに〝松竹時代の友人〟として喜田も出演）らしいが、〝北竜介〟名義で「もがり笛（67〜68放送）」「おれは男だ！／第1話：ウーマン・パワーをやっつけろ！（71・2・21放送）」「ご存じ金さん捕物帳／第27回（最終回）：桜吹雪が春を呼ぶ（75・3・30放送）」といったテレビドラマや田坂具隆「スクラップ集団（68）」山田洋次「男はつらいよ（69／香具師役）」森崎東「喜劇　女生きてます（71／インテリ風の客役）」加藤泰「人生劇場　青春篇・愛欲篇・残侠篇（72／鉄役）」といった映画に、〝喜多晋平〟名義ではテレビドラマ「江戸川乱歩の美女シリーズ／第6作：妖精の美女（78・12・30放送／酔っ払いのサラリーマン役）」「太陽にほえろ！／第351回：密室殺人（79・4・20放送／警察から呼ばれた鍵師役）」などに、〝喜田晋平〟に改名後も山田の「男はつらいよ　寅次郎ハイビスカスの花（80）」「キネマの天地（86）」といった一般映画や藤浦敦『宇能鴻一郎の伊豆の踊り子（84／先生役）』小原宏裕『赤いキャンパス　狂った放課後（84／田崎役）』といったロマンポルノ作品、そして「仕掛人・藤枝梅安　梅安蟻地獄（82・1・22放送／櫓の上で口上を述べる男役）」「あぶない刑事／第15話：説得（87・1・11放送）」といったテレビドラマなどに出演。『〜日傘の女』で梅八役を演じた桜川梅八はやはりアマチフィルムが製作&ロマンポルノ枠で公開された西村昭五郎『春情夢（84／立花役）』森川時久「次郎物語（87）」といった映画や「非情のライセンス　第2シリーズ／第39

話：やさしい兇悪（75・7・3／内藤貞雄役／北竜介も窪川欣造役で共演）」「江戸川乱歩の美女シリーズ／第14作：五重塔の美女（81・1・10放送／高校の校長役）」「大江戸捜査網 第3シリーズ／第481話：刺青殺人 妖艶やわ肌秘図（83・3・5放送）」といったテレビドラマなどに出ているも本職は幇間だったらしく、山本薩夫「不毛地帯（76）」でその芸が見られるようだ。なお『～日傘の女』でおしづ役を演じた桜川梅寿は『春情夢』では女将のお重役を演じているものの詳しい経歴はわからず、「映画論叢33」でふれた幇間の桜川ぴん助の娘が1981年に〝櫻川梅寿〟で名取となり1985年に二代目櫻川ぴん助（1948～）を襲名しているが、同一人物なのか？桜川梅八と関連はあるのか？などは不明。『～日傘の女』で船頭役を演じた黒沢拓はアマチフィルム＋にっかつ製作＆ロマンポルノ枠で公開された『紅夜夢（83／邏卒役）』や『春情夢（警官役）』そして「江戸川乱歩の美女シリーズ／第18作：化粧台の美女（82・4・3放送／撮影所の守衛役で桜川梅八も共演）」「山河燃ゆ／第13回：それぞれの青春（84・4・1放送）」「探偵・神津恭介の殺人推理／第4作：初夜に消えた花嫁（86・3・1放送）」といったテレビドラマに出ているものの、やはり詳しい経歴は不明。

吉田喜昭《よしあき》（1937～2000）は岐阜県恵那郡中津町（現：中津川市）に生まれ東洋大学文学部を卒業した脚本家で、先の吉田〝義昭〟と混同される場合もあるが全くの別人。テレビドラマ「忍者部隊月光（64～66放送）」などの脚本を手がけ、江崎実生が監督した石原裕次郎の主演作「青春大統領（66）」には池田淳と共に〝原案〟としてクレジット。その後はテレビアニメでの仕事が中心となり「巨人の星（68～71放送）」「昆虫物語 みなしごハッチ（70～71放送）」「いなかっぺ大将（70～72放送）」などの他に、谷岡ヤスジ原作の劇場版アニメ『ヤスジのポルノラマ やっちまえ!!（71）』の脚本も。以降も「天才バカボン（71～72放送）」「ど根性ガエル（72～74放送）」「銀河鉄道999（78～81放送）」など多くの作品で脚本を書く以外に、絵本作家として「ドングドンとことだま大王（絵：さき まくら＝出崎統／76刊）」〈アリス館牧新社〉などを上梓し、晩年は母校の東洋大学で講師をしていた。

掛札《かけふだ》昌裕（1938～）は青森県生まれで父親の仕事の関係で北京で数年過ごしたあと東京で育ち、慶應義塾大学法学部を卒業後の1960年に東映へ入社。京都撮影所に配属され大西秀明（のちに〝大西孝典〟名義でピンク映画も監督）の「将棋大名 どくろ篇・まぼろし篇（60）」に助監督として初参加し、その後も工藤栄一やマキノ雅弘などに付いたが脚本家へと転身。本社企画本部文芸課の「新人脚本家集団」に神波史男／小野竜之助／松田寛夫らと共に配属され、加藤泰「沓掛時次郎 遊侠一匹（66／鈴木尚之

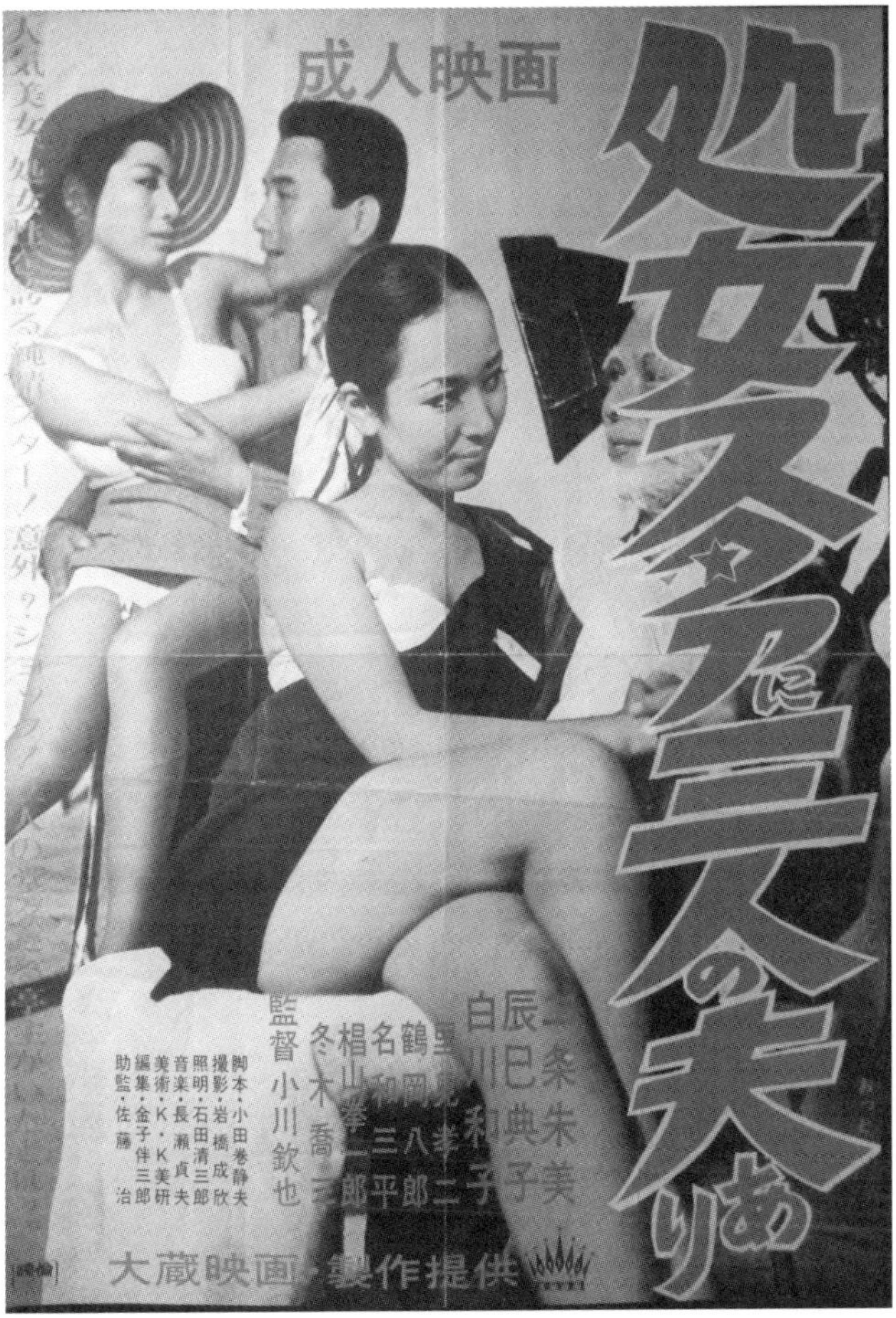

小川欽也『処女スタァに三人の夫あり』（69）。脚本・掛札昌裕。中央は二条朱美

と共同）」石井輝男「徳川いれずみ師責め地獄（69／石井と共同）」「江戸川乱歩全集　恐怖奇形人間（69／石井と共同）」や、１９７０年フリーになってからも森崎東「喜劇　女売出します（72／森崎と共同）」などの脚本を執筆。〝一色爆〟名義で森崎の「野良犬（73）」や本田達男が監督した東映京都の５００万円ポルノ『人妻セックス地獄（74）』などの脚本も書いているが、一般社団法人シナリオ作家協会の「シナリオ作家リレー日記　掛札昌裕（10・5・2付）」で巣鴨演劇という映画館（註：巣鴨映画劇場の事か）についてふれ、自作のピンク3本をここで観たもののタイトルを忘れたが主演は辰巳典子だったとある。辰巳が主演クラスで出た作品を含め3本以上の脚本を書いているが経歴不明という人物を探っていくと、小川欽也『色欲のおとし穴（69）』『狙われた濡れ肌（69）』『処女スタァに三人の夫あり（69）』『セックスの群がり（69）』などの脚本家〝小田巻静夫〟あたりが掛札の変名だと思われ、ミニコミ「僕らを育てたすごい脚本の人　掛札昌裕インタビュー（12刊）」によるとテレビドラマ「忍者ハットリくん＋忍者怪獣ジッポウ（67〜68放送）」では〝保科静夫〟名義を使ったらしいが、小田巻が掛札の変名だという確証はまだ得られていない。

山本昌平（1938〜2019）は中華民国（台湾）の澎湖島で生まれ終戦後は熊本県（福岡県飯塚市説も）で育ち、福岡商科大学（現：福岡大学）附属大濠中学校へ入るも素行不良で勘当されて上京し、東京都立江戸川高等学校の定時制に通いながら劇団七曜会の研究生に。卒業した翌年（1958）に劇団三期会の演出部へ入ったものの、その後は浅草フランス座でコメディアンとして坂上二郎らと舞台に立っていたが、とある件で座長に楯突いたため馘に。そしてテレビドラマ「隠密剣士　第十部：変幻忍法帖／第9話：黒墨流鬼面道人（65・2・28放送）」＆「第10話：幻流瞳太郎坊（65・3・7放送）」で伊賀同心の藤林嘉市役を演じたりしていたが、やがて松浦潤『異常者（65）』高木丈夫『蛇性の肌（66／元ヤクザの源次役）』大和屋竺『荒野のダッチワイフ（67／コウ役）』といったピンク映画での仕事がメインとなり、1972年までに少なくとも100本以上の作品に出演し、小川欽也『女色《じょしょく》の悦楽（69／土田久夫役）』武田有生『好色一代　無法松（69／ヤクザの三郎役）』など数本は〝大和田五郎〟名義を使っているが、梅沢薫『肉体ハイジャック　殺しの前の快楽（70／出演も）』木俣堯喬『肉の取引き　はめ手（71）』などの脚本を山本名義で手がけ、ピンク映画のミニコミ「PG No.91」に掲載された〝追悼・小林悟〟のコメントによると小林の『女紋交悦（71／出演も）』で脚本を執筆した〝岡田昇平〟も山本の変名らしい。ただ同作は岡本創造と小林悟の共同脚本とす

梅沢薫『肉体ハイジャック　殺しの前の快楽』（70）。脚本・山本昌平。男優は左が港雄一、右が山本。下のレオタード姿は谷身知子（珠瑠美の実妹）

る資料もあり、もし〝岡本創造〟が山本の変名であるなら小林の『暴行魔（71／小林と共同／出演も）』『コンピューターセックス　婦女誘拐（71／小林と共同／出演も）』プリマ企画が製作しロマンポルノ枠で公開された秋山駿（＝津崎公平）『メロディ〝ヨコハマ〟情事への誘惑（72／出演も）』などの脚本も手がけたことになる。ちなみに「―大人の童話―（二幕・十六場）標的《ターゲット》」という台本が手元にあるものの、脚本としてクレジットされた山本以外の製作／演出／舞台監督などのスタッフ名は空欄のままで実際に上演されたのかは不明だが、1973年頃には青山美沙／有沢真佐美／津村茂／関多加志らと《劇団BOBO《ビオビオ》》で活動していたらしい。その後は〝俳優廃業宣言〟をして横浜で船のサビ落としなどの肉体労働を1年ほど続けていた山本だが、五社英雄「暴力街（74／殺し屋役）」で芸能界に復帰してからは中島貞夫「安藤組外伝　人斬り舎弟（74／山藤役）」鈴木則文のロマンポルノ作品『堕靡泥の星　美少女狩り（79／蛭川源平役）」勅使河原宏「豪姫（92／浪人役）」壷井詠二「修羅の花道（12／加賀谷一家組長・加賀谷明良役）」などの映画以外に、「水戸黄門　第7部（76放送）〜第43部（11放送）」「電撃戦隊チェンジマン（85〜86放送／大星団ゴズマ遠征軍司令官・ギルーク役など）」「剣客商売〈第4シリーズ〉／第6話：誘拐《かどわかし》（03・3・4放送／将軍家かかりつけの医者・山路寿仙役）」といったテレビドラマへの出演も数多く、八名信夫ら悪役俳優たちによるグループ《悪役商会》の結成にも参加。また「笑っていいとも！」「ダウンタウンのごっつええ感じ」といったバラエティ番組にも出ている。

田中陽造（1939〜）は東京府（現：東京都）生まれで早稲田大学文学部を卒業し、日劇ミュージックホールの演出部を経てラジオの台本を書いていたが、早稲田の先輩である大和屋竺や曽根中生との縁から鈴木清順と知り合い、鈴木の「殺しの烙印（67）」の脚本を8人共同の〝具流八郎〟名義で執筆。他にも深作欣二「上海バンスキング（84／深作と共同）」や田中登『㊙女郎責め地獄（73）』といったロマンポルノ作品の脚本も多く手がけ、武田一成『おんなの細道　濡れた海峡（81）』鈴木清順「陽炎座（82）」相米慎二「魚影の群れ（84）」渡邊孝好「居酒屋ゆうれい（95）」根岸吉太郎「ヴィヨンの妻　桜桃とタンポポ（10）」杉田成道「最後の忠臣蔵（12）」などでの仕事により日本アカデミー賞優秀脚本賞を受賞（第4・5・7・18・33・35回）しているが、大和屋竺が初監督したピンク映画『裏切りの季節（66／〝大谷義明〟名義で大和屋と共同執筆&助監督も担当）』天象儀館が製作しロマンポルノ枠で公開された大和屋の『愛欲の罠〈別題：朝日のようにさわやかに〉（73）』円谷プロ制作のテレビドラマ「恐怖劇場アンバランス／第1話：木乃伊《みいら》の恋（73・1・8放送／大和屋が主演&鈴木清順が監督）」などの脚本も手がけており、『裏切りの季節』のシナリオは雑誌「映画評論　1966年7月号」や高橋洋＋塩田明彦＋井川耕一郎・編「大和屋竺ダイナマイト傑作選　荒野のダッチワイフ（94刊）」〈フィルムアート社〉などに、『愛欲の罠』のシナリオも「大和屋竺ダイナマイト傑作選」に収録。ちなみに既出の「～白井更生さんを偲んで～青い風の季節」によると佐々木元『悶え狂い（69）』に脚本としてクレジットされた〝立花豊〟とは鈴木清順＆田中陽造の事らしく、1968年4月25日に日活から解雇された清順は「鈴木清順問題共闘会議」の支援で日活を相手に民事裁判をおこなっている時期にあたり、佐々木の『野郎と情婦（69）』『濡れた裸身（69）』などの脚本家・立花豊も清順＆田中なのかもしれないが、それを裏付けるような資料は他に見つかっていない。なお『裏切りの季節』の照明助手・末吉忠二はテレビドラマ「コメットさん（67〜68放送）」や若松孝二『胎児が密猟する時（66）』篠田正浩「卑弥呼（74）」黒木和雄「夕暮まで（80）」小林正樹「食卓のない家（85）」などの照明助手を経て、若杉光夫「星の牧場（87）」で照明を。また『悶え狂い』の撮影助手・佐沢靖朗は新藤孝衛『肌香《はだか》の熱風（66）』などの撮影助手を経て、『肌香～（〝勝目

大和屋竺『裏切りの季節』（66）。共同脚本・大谷義明（田中陽造）。谷口朱里

勝〟名義)』や『悶え狂い(〝宮本瑛蔵〟名義)』などの撮影を手がけた金井勝の監督作「無人列島(69)」の撮影を鈴木正美と共に担当。

荒木芳久(１９３９〜)は東京府(現:東京都)出身で日本大学芸術学部映画学科を卒業後に、雑誌記者や業界紙記者などを経てシナリオ研究所で脚本作りを学んで直居欽哉に師事し、テレビアニメ「ひみつのアッコちゃん(69〜70放送)」「機動戦士ガンダム(79〜80放送)」「ルパン三世〈第２シリーズ〉/第１３５話:毒薬と魔術とルパン三世(80・5・12放送/三島久乃と共同)」特撮ドラマ「流星人間ゾーン(73放送)」テレビドラマ「祭ばやしが聞こえる(77〜78放送)」などの他に、天知茂主宰のアマチフィルムが製作&ロマンポルノ枠で公開された西村昭五郎『春情夢(84)』砂工房が製作しロマンポルノ枠で公開された姫野龍神『ザ・極限 名器づくり(87)』の脚本も執筆。なお『春情夢』の照明・高野和男は大林宣彦「彼のオートバイ、彼女の島(86)」原田眞人「バウンスｋｏ ＧＡＬＳ(97)」などで照明を手がけ、大林の「水の旅人 侍ＫＩＤＳ(93)」での仕事により第17回日本アカデミー賞優秀照明賞を受賞。『ザ・極限〜』の撮影・川井英幸は内藤誠「スタア(86)」などの撮影助手を経て、廣木隆一&松本泰生「テンカウント(92・11・20発売)」関根和美「色欲乱れ舞(96・6・7発売)」といったＯＶ作品や望月六郎「極道記者(93)」などで撮影を。『ザ・極限〜』の照明助手・小野英仁は大森一樹「満月 MR・MOONLIGHT(91)」石井隆「死んでもいい(92)」佐藤寿保『喪服妻 剃毛縄奴隷(93)』などの照明助手を経て、小松隆志「どケチ ピーやん物語(97)」中田秀夫「暗殺の街(97)」武正晴「花婿は18歳(09)」といった映画や「刑事・鬼貫八郎/第17作:炎の記憶(04・11・30放送)」「追跡〜失踪人捜査官・石森新次郎(08・1・28放送)」といったテレビドラマなどで照明を。

村井良雄(１９３９〜)は大阪府出身で早稲田大学政経学部を卒業して日活の助監督部に入り、千野皓司「極道ペテン師(69)」の脚本を千野と共同執筆した後は、藤井克彦『団鬼六薔薇の肉体(78)』などのロマンポルノ作品や西河克己「春琴抄(76)」での助監督経験を経て、鈴木則文『堕靡《ダビ》泥《デ》の星 美少女狩り(79/成田尚哉と共同)』の企画などを担当し、１９８１年フリーになったあとは崔洋一『性的犯罪(83)』のプロデューサーなどをつとめているが、日本トップアートが製作&ロマンポルノ枠で公開された林功『高校教師 暴刑《リンチ》(86)』や水谷俊之『ハード・ペッティング(87)』早志宏二(=林功)『聖処女 けいれん(89)』などの脚本も執筆。なお『〜暴刑』の照明・新川真は磯見忠彦「東シナ海(68)」などの照明助手を経て田中登『(秘)色情めす市場(74)』根岸吉太郎『濡れた週末(79)』といったロマンポルノ作品や、大林宣彦「瞳の中の訪問者（77）」藤田敏八「帰らざる日々（78）」などで照明を。また『ハード〜』の撮影・三好和宏（１９５１〜）は北川徹（＝磯村一路）『緊縛　鞭と縄（84）』池田敏春「死霊の罠（88）」などで照明を手がけていたが、今関あきよし「りぼん　RE‐BORN（88）」金澤克次「一生、遊んで暮らしたい（98）」といった撮影を担当する作品が増え、萩庭貞明監督とは「難波金融伝　ミナミの帝王シリーズ（ＯＶ作品：92〜／劇場版：93〜）」や「走らなあかん　夜明けまで（96）」などコンビ作も多い。『ハード〜』の照明・尾下《おした》英治〈栄治〉（１９６５〜）は東京都生まれで北野武「３〜４x10月（90）」篠田正浩「写楽（95）」山崎貴「ジュブナイル（00）」などの照明助手を経て、黒木和雄「紙屋悦子の青春（06）」園子温「冷たい熱帯魚（11）」鄭義信「焼肉ドラゴン（18）」などで照明を手がけ、西川美和「ディア・ドクター（09）」での仕事により第33回日本アカデミー賞優秀照明賞を受賞し、横山雄二「愚か者のブルース（22）」では照明以外にピンサロの客役で出演も。そして『聖処女〜』に出ている樋口義隆は和泉聖治「この胸のときめきを（88）」珠瑠美『女子大生　牝猫さかり（89／理香と同棲している大学生の恒夫役）』などに出演。

池田太郎（１９４０〜）は静岡県出身で東京学芸大学教育心理科を卒業後に関東自動車工業の会社員や杉並区立四宮小学校障害児学級の担任などを経験し、第26回新人映画シナリオコンクールで「少年院四寮三室の脱走者」が選外佳作となり、第28回新人映画シナリオコンクールで佳作入選した「限りなき逃走」は雑誌「月刊シナリオ　１９７８年６月号」に、第17回新人テレビシナリオコンクールで入選した「冬の独立」は「月刊シナリオ　１９７９年２月号」に寸評や本人の所感と共に掲載されているが、プロダクション鷹が製作&＋ロマンポルノ枠で公開された和泉聖治『暴漢　処女を襲う！（79）』『セックスドキュメント　若妻監禁（80／〝ジョニー徳田〟名義）』などの脚本を手がけ、オリジナルシナリオ「夢の街の殺人者　―死は、わが友―」が第９回城戸賞で準入選となり、熊井啓「ひかりごけ（92／熊井と共同）」斎藤耕一「おにぎり　ＡＲＣＡＤＩＡ物語（04／斎藤と共同）」といった映画や「鬼平犯科帳〈第３シリーズ〉／第３話：馴馬《なれうま》の三蔵（91・12・11放送）」などテレビドラマの脚本や戯曲も執筆している池田は、本多猪四郎「三大怪獣　地球最大の決戦（64）」森谷司郎「首（68）」などに出ている俳優・池田生二《せいじ》の長男でもある。なお『暴漢〜』で主人公の南条美紀（朝霧友香）と同じ大学に通う強姦犯の苦学生・清水英雄役を演じた（役名と同じ〝清水英雄〟名義でクレジットされたのが当人？）のが１９８０年に仲代達矢主宰《無名塾》の第４期生となり伊丹十三「マルサの女２（88）」などで注目される以前の益岡徹（１９５６〜）である。また、和泉の『股間連発テクニック（84）』の撮影助手・依田英男は山田典吾「ユッコの贈りもの（80）」大澤豊「ボクちゃんの戦場（85）」などの撮影助手を経て、宮崎政記のドキュメンタリー映画「こどもたちの時間（95）」「よいお年を 福祉施設『元気な亀さん』の記録（96）」などで撮影を担当。

かわなかのぶひろ（１９４１〜）は東京府（現：東京都）出身の実験映像作家で、１９６０年に港雄一と〝８《エイト》ジェネレーション〟という８㎜映画制作グループを結成した事は前にもふれているが、自身のブログ「かわごちコラム（03・9・24付）」によると若い頃にアルバイトでピンク映画のシナリオを書いていたらしいものの題名は不明だが、「月刊イメージフォーラム １９８１年４月号」に掲載された鈴木敏晴（助監督）による『密室連続暴行』製作ノートによると、１９８１年に公開された同作品（監督：若松孝二）の原案がかわなかの「性の復讐者」で、これを基に（後述する）掛川正幸が〝出口出〟名義でシナリオにしたようだ。ちなみに、かわなかの妻で《イメージフォーラム》代表でもある富山加津江《とやまかつえ》も若松孝二がプロデューサーをつとめた大島渚のハードコア映画『愛のコリーダ（76）』に待合「満左喜」の女中役で出演する以前に、若松プロが製作し林静一が監督したピンク映画『ＳＥＸ予備軍 狂い咲き〈別題：夜にほほよせ〉（73）』で若松や林と共に〝企画〟としてクレジットされている。

宮田雪《きよし》（１９４５〜２０１１）は秋田県生まれで早稲田大学文学部在学中「ワセダミステリクラブ」に所蔵し、映画評論や詩などを会誌「ＰＨＯＥＮＩＸ」に発表。卒業後は早稲田の先輩である大和屋竺の紹介で知り合った鈴木清順に師事し、助監督を経て脚本家へと転身。山本晋也『売春うら表（69）』向井寛『近世毒婦伝 少女地獄責め（71）』などのピンク映画や、テレビアニメ「ムーミン（69〜70放送）」「ルパン三世（71〜72放送）」テレビドラマ「探偵物語（79〜80放送）」「西部警察（81〜84放送）」そして黒沢直輔『看護師日記 獣じみた午後（82）』といったロマンポルノ作品などで脚本を手がけ、向井の『異常変態誘拐魔（70）』には俳優として出演し、桐子（藤ひろ子）の息子・英男役を演じている。水木しげる「死神大戦記」真崎守「ゆきおんな」など漫画原作も手がけている宮田だが、１９７０年頃から師弟関係にある水木や真崎との出会いからインド旅行などをキッカケにニューエイジやスピリチュアルの世界にふれ、それがドキュメンタリー映画「ホピの予言（86）」を製作＆監督する事へと繋がっているのだろう。

佐竹一男（１９４５〜）は秋田県出身で小原宏裕『檻の中の妖精（77／田岡敬太役）』藤浦敦『宇能鴻一郎の伊豆の踊り子（84／花沢役）』池田賢一『芦屋令嬢 いけにえ（86／丸山役）』といった多数のロマンポルノ作品や前

田順之介『18才性熱白書　私の好きな先生（85／刑事C役／プロデューサーも兼任）』などのピンク映画、そして佐藤純彌「野性の証明（78／宮野署刑事E役）」森田芳光「ときめきに死す（84／警官A役）」などの一般映画や、「ウルトラマンタロウ／第7話：天国と地獄　島が動いた！（73・5・18放送／船員役）」「特別機動捜査隊／第６５４話：矢崎班緊急出動せよ～第８０１話（最終話）：浮気の報酬（74・5・15～77・3・30放送／矢崎班の桂刑事役）」「西部警察／第１１２話：ワイルド刑事ハート（82・1・10放送／佐伯一郎役）」といったテレビドラマなどに出ているが、ビデオマガジンが製作&ロマンポルノ枠で公開されたガイラ（＝小水一男）『井上あんりのザ・裏モデル（88）』では脚本を執筆（ガイラと共同）&プロデューサーも担当しており、松井稔『美女レイプ狩り（87）』内藤忠司『悶絶!!処女の泉（88）』などにはプロデューサーとして参加し、すずきじゅんいち「青空へシュート！（02）」でも企画や統括プロデューサー（浦野勇と共同）として本名の〝池部勝己〈勝巳〉〟名義でクレジット。

金子裕《ゆたか》（１９４６～）は東京都出身で早稲田大学（荒井晴彦と同期）在学中に映画研究会で脚本作りを始め、女性誌の編集やルポライターを経て脚本家となり、テレビアニメ「新オバケのQ太郎（71～72放送）」「ルパン三世〈第2シリーズ〉（77～80放送）」テレビドラマ「太陽にほえろ！（72～86放送）」「陽あたり良好！（82放送）」など膨大な量（約１０００本とも）の脚本を手がけているが、〝今《こん》野《や》覚《かく》〟名義でも中村幻児『痴情学園（77）』『ポルノ・ドキュメント　昼下りの絶頂(79)』『変態夜行列車（80）』といったピンク映画やテレビドラマ「激闘！カンフーチェン（83／加瀬高之と共同）」の脚本を執筆。なお、金子と映研の同期だった大衆文化評論家・指田文夫氏のブログ「さすらい日乗」によると《ピロ企画》にいた金子の妻は日活作品に関わっていた（丹野雄二「涙でいいの」や「ハレンチ学園」の事か？）らしく、「ベオグラード１９９９（10）」「ムネオイズム　愛と狂騒の13日間（13）」「森のムラブリ　インドシナ最後の狩猟民（22）」などの監督で批評家でもある金子遊《ゆう》は息子。

山崎哲《てつ》（１９４６～）は宮崎県宮崎市生まれで広島大学文学部を中退し、上京して《状況劇場》に入り演出助手などを経験。その後は《つんぼさじき》《転位・21》といった劇団を結成。第26回岸田國士戯曲賞を受賞した「うお傳説―立教大助教授教え子殺人事件―」「漂流家族―『イエスの方舟』事件―」は「山崎哲戯曲集　うお傳説／漂流家族（82刊）」〈深夜叢書社〉として出版され、１９８７年には「エリアンの手記」「ジロさんの憂鬱」「まことむすびの事件」で第21回紀伊國屋演劇賞を受賞している劇作家&評論家だが、実験小劇場からストリップ中心の興行へと移行していた新宿《モダンアート》へ1976年4月に照明（投光）係として入社し映画上映／前衛演劇の上演／前衛SMショーなどを企画していたジョージ川上〈川上譲治〉（1950〜）がフリーライターの伊藤裕作（1950〜）と各100万円を、小劇場《スカイ劇場》が50万円を出資して製作された山崎&後藤和夫の共同監督による16㎜作品『ザ・ストリッパー堕ちて藍（81）』の脚本を執筆。スカイ劇場で封切られた同映画は、その後もストリップショーが始まる前に上映されるなど特殊な形態で興行がおこなわれた〝ピンク映画に準ずるような作品〟で、相米慎二『ラブホテル（85）』岩井俊二「Love Letter（95）」行定勲「世界の中心で、愛をさけぶ（04）」などで有名な篠田昇（1952〜2004）が撮影担当として初めて単独でクレジットされた作品でもある。『〜堕ちて藍』の助監督・小松敏和（1952〜）は静岡県生まれで、フリーの予告編ディレクターだった池ノ辺直子と1987年4月に設立した《池ノ辺事務所》は1997年9月に《バカ・ザ・バッカ》として株式会社化&商号変更。同社の専務取締役でもある小松は「南極物語」「死霊のはらわた」「アメリ」「おくりびと」「冷たい熱帯魚」などの映画や「東京国際ファンタスティック映画祭」「したまちコメディ映画祭in台東」といった映画祭など1000本を超える予告編を手がけている。なお『—堕ちて藍』製作の経緯については川上の著書「さらばストリップ屋（88刊）」〈朝日新聞社〉などに詳しい。ちなみに伊藤の著書「昭和の性文化① 風俗ルポ 昭和末年のトルコロジー（15刊）」〈人間社文庫〉によると、伊藤が企画&原作を手がけた中村幻児『トルコドキュメント 黄金の唇（83）』でヤクザなヒモのバンドマン役を演じているのが、田渕岩夫門下から青芝フック門下に移籍し1978年に漫才コンビ「青芝金太・紋太」を結成した青芝紋太（1956〜）で、金太の引退により解散したあとはピン芸人〝青芝モンタ〟としての仕事のほかに、マジシャンのゼンジー一億《いちおく》とのユニット「モンタ&一億（94結成／05解散）」や漫才コンビ「青芝フック・モンタ」でも活動。

池端俊策《いけはたしゅんさく》（1946〜）は広島県呉市出身で明治大学政治経済学部在学中からシナリオ研究所に通い、卒業後にアルバイトで参加したテレビアニメ「昆虫物語 みなしごハッチ（70〜71放送）」で脚本家デビュー。セールスマンなどを経て馬場当に師事し、今村昌平を紹介されて横浜放送映画専門学院（現：日本映画大学）のスタッフとなり、今村の「復讐するは我にあり（79）」では馬場と共同で脚本を執筆し「楢山節考（83）」に助監督として参加して以降はテレビドラマでの仕事が多く、久世光彦が演出したビートたけし主演「みだらな女神たち（83・6・4放送）」の脚本も手がけているが、国立国会図書館所蔵の台本では脚本家名が〝風見信之介〟となっており、加島春海『青木祐子　激情（87）』の脚本家・風見信之介も池端の変名だと思われる。たけし主演の「昭和四十六年　大久保清の犯罪（83・8・29放送）」「イエスの方舟　イエスと呼ばれた男と19人の女たち（85・12・9放送）」やＮＨＫの大河ドラマ「太平記（91放送）」テレビ朝日開局55周年記念の黒澤明ドラマスペシャル「野良犬（13・1・19放送／脚色）」そして杉田成道「優駿ORACION（88）」自ら監督した「あつもの（99）」といった映画など多数の脚本を執筆している池端は、第3回向田邦子賞（84）紫綬褒章（09）旭日小綬章（17）などを受賞&受章。なお『〜激情』に出ている三田寛之は、藤井克彦『いけにえ天使（88／交番の警官役）』伊丹十三「マルサの女2（88／査察官役）」特撮ドラマ「忍風戦隊ハリケンジャー／巻之十一：夢喰いと再出発（02・4・28放送／医師役）」などに出る以前は〝三宅優司〟名義で「宇宙刑事シャリバン／第24話：昆虫ハリケーンが運んだ日本なまけ者病（83・8・19放送）」「宮本武蔵／第16回：芍薬の使者（84・8・1放送／柳生家の郎党役）」などのドラマや、麿赤児が監督したピンク映画『性獣のいけにえ（84／大学生の智夫役）』に出演。『性獣〜』で細田役を演じた行田藤兵衛《ぎょうだとうべい》は劇団《黙示体》を主宰し、役者業の他に「宇宙狂時代（80／文芸坐ル・ピリエ）」「ライオンは眠っているか（82）」などの舞台演出も手がけているが、黙示体の公演「一千一回目の誘惑（76／中野南部公会堂）」には、のちに新音楽編でふれる予定のバンド「ヒカシュー」を結成する前の巻上公一が出演しており、同じころ山下康や海琳正道（三田超人）らも音響スタッフとして黙示体に参加していたらしい。

竹内銃一郎（１９４７〜）は愛知県生まれで早稲田大学第一文学部を中退し、１９７６年に劇団《斜光社》を、解散後の１９８０年に《秘宝零番館》を結成した劇作家&演出家（当初は〝竹内純一郎〟名義で活動）だが、雑誌「プレイガイドジャーナル　１９８１年3月号」に掲載されたインタビュー記事のプロフィールによると学生時代からピンク映画のシナリオを書き出したらしく、公式サイト「竹内銃一郎のキノG語録」の〝「未明の闘争」と70年代の思い出（14・4・14付）〟によると大和屋竺『毛の生えた拳銃（68）』を見て「このひとこそわが師」と思い大和屋が講師をしていたシナリオ研究所へ１９６９年に入り脚本を学んだようで、大和屋が〝日野洸〟名義で脚本を書いた梅沢薫『濡れ牡丹　五悪人暴行編（70）』渡辺護『（秘）湯の街　夜のひとで（70）』などの第一稿は竹内が書いたようだが、大和屋が手を入れて別物になってしまい完成した作品に原型はほとんど残っていないとのこと。ちなみに『濡れ牡丹―』のシナリオは雑誌「シナリオ　１９７０年12月号」に、『（秘）湯の街―』のシナリオは雑誌「映画芸術　１９７０年11月号」や「渡辺護×大和屋竺ＤＶＤコレクションＢＯＸ」の封入特典「渡

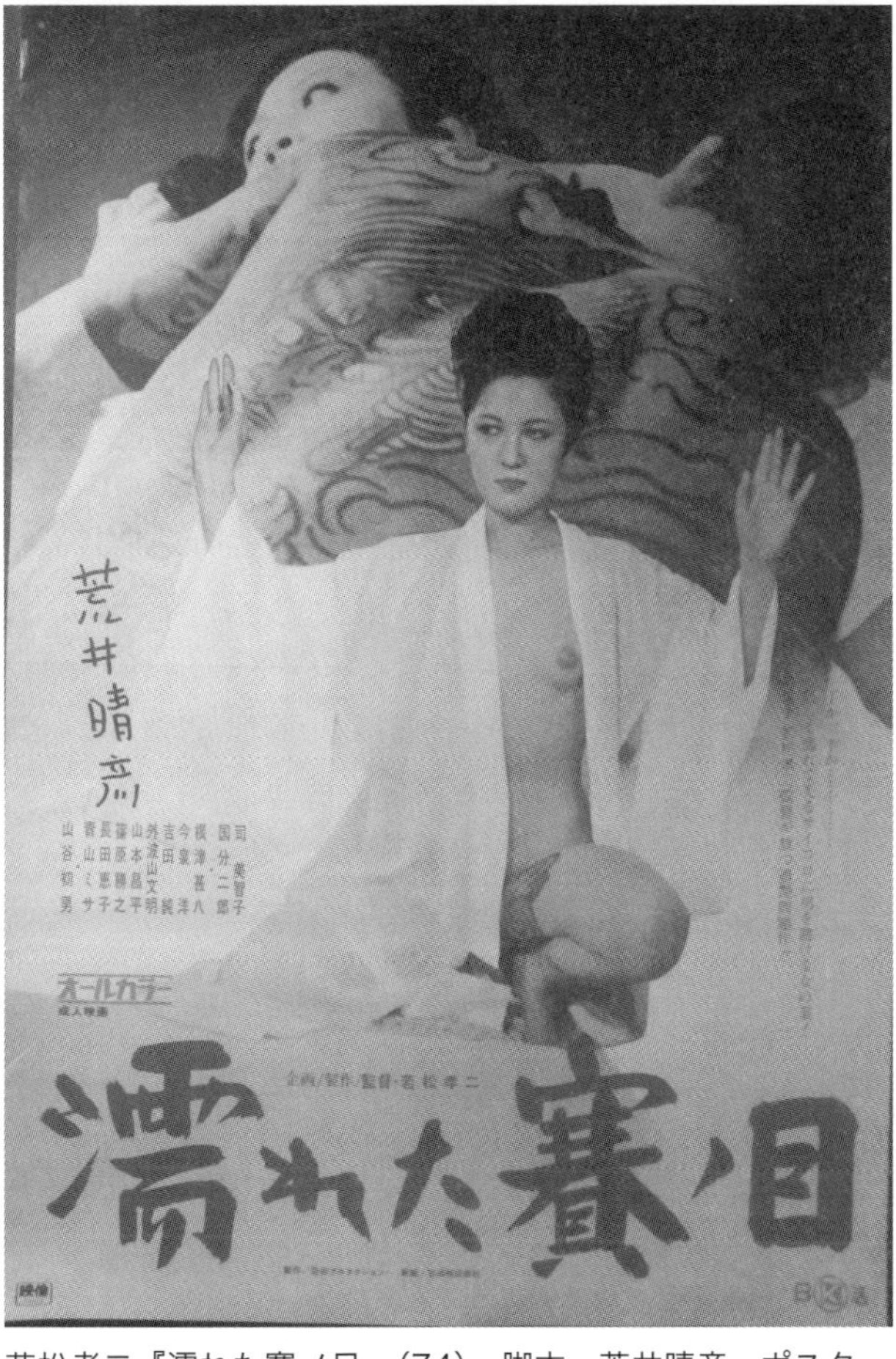

若松孝二『濡れた賽ノ目』（74）。脚本・荒井晴彦。ポスターにあるサインは筆者が荒井より貰ったもの。司美智子

辺護×大和屋竺 脚本集」に掲載。なお、竹内は1981年に「あの大鴉、さえも」で第25回岸田國士戯曲賞を、1996年に「月ノ光」で第47回読売文学賞&紀伊國屋演劇賞個人賞を受賞し、2004年には紫綬褒章を受章している。

荒井晴彦（1947〜）は東京都生まれで早稲田大学文学部へ入るが、在学中から若松プロで働き始め早大を除籍に。1971年ごろラブホテル用に若松孝二が監督した〝イナバの白兎〟をモチーフにした30分ほどのビデオ作品（題名不詳／助監督の吉積めぐみが〝浦島太郎〟をモチーフに監督した作品も同時期に制作）で初めて脚本を手がけ、その後は〝出口出〟名義で若松孝二『秘花（71／足立正生と共同）』『私は濡れている（71／足立と共同脚本の本作も〝イナバの白兎〟がヒント）』『濡れた賽ノ目（74）』渡辺護『（裸）青春地獄（80）』などの脚本を、〝荒井青〟名義で中村幻児『女子学生SEXレポート 実地研究（76／才賀忍＝中村幻児と共同）』山本晋也『残酷縛絵伝奇（76）』などの脚本を執筆し、足立の『噴出祈願 15歳の売春婦（71）』には助監督として参加。その後は根岸吉太郎『キャバレー日記（82）』などのロマンポルノ作品や、廣木隆一「ヴァイブレータ（03）」青山真治「共喰い（13）」などの脚本を手がけ「身も心も（97）」「この国の空（15）」「火口のふたり（19）」といった監督作品も。また、神代辰巳『赫い髪の女（79）』根岸の「遠雷（81）」澤井信一郎「Ｗの悲劇（85）」阪本順治「大鹿村騒動記（11）」などでの仕事により日本アカデミー賞の優秀脚本賞（第３・５・９・35回）を、他にもヨコハマ映画祭脚本賞／キネマ旬報脚本賞／毎日映画コンクール脚本賞／日本シナリオ作家協会菊島隆三賞など受賞も多く、２００５年には「争議あり―荒井晴彦全映画論集」〈青土社〉を上梓し、『秘花』のシナリオはアンダーグラウンド蠍座の特集上映「若松孝二のフィルム・グラフィ＝ピンクの終焉」のパンフレット（71刊）や、雑誌「シナリオ　２０２０年３月号」に掲載。なお、雑誌「ＺＯＯＭ-ＵＰ　１９８０年９月号」に掲載された鈴木義昭による撮影現場ルポによると『（裸）―』には満州国大連生まれで当時はＡＴＧ（日本アートシアターギルド）の二代目社長であり１９９３年にプロデューサー事務所《株式会社オフィス・シロウズ》を設立した佐々木史朗（１９３９～２０２２）や、東京都中野区生まれの映画評論家・北川れい子も出ているらしい。

桃井章《あきら》（１９４７～）は東京都出身で女優・桃井かおりの兄でもあり、シナリオ研究所24期（金子成人・峯尾基三らと同期）を修了後にＰＲライターを経て脚本家を目指すようになり、研究所の講師でもあった中島丈博の紹介で脚本を共同執筆した日活のスウェーデンポルノ『狂った夜の果て』はオクラ入りとなるも田中登のロマンポルノ作品『真夜中の妖精（73）』で脚本家デビューを果たし、藤田敏八「赤ちょうちん（74／中島丈博と共同）」栗山富夫「釣りバカ日誌（88／山田洋次と共同）」薬師寺光幸「雷電（94／伊藤秀裕・薬師寺と共同）」といった映画や、「太陽にほえろ！／第１４０回：故郷の父（75・３・21放送）」「私鉄沿線97分署／第80話：ロマン万才！少年探偵団!!（86・６・22放送）」「法医学教室の事件ファイル／FILE-3：死体現象の謎?! 女医の決断（92・７・23放送）」「女詐欺師！愛川ナナの殺人捜査（00・１・29放送）」といった数多くのテレビドラマで脚本を手がけ、「トリノ発：東京物語　ダンシングミステリー（89・４・20放送）」では〝原案〟としてクレジットされているが、脚本を執筆した向井寛『官能旅行（78）』はフィルムの現存が確認されておらず手元にあるポスターにも配給した東映のマークだけで製作会社のクレジットは無いものの、企画として向江寛城（＝向井寛）の名前があったり、映倫№１９４３３の「艶笑喜劇　官能旅行（↑完成前の仮題？／78・５・12審査）」では〝製作：ユニバース・プロ（註：向井が設立したプロダクション）〟となっているので、東映製作の成人映画ではなく買取のピンク映画だと思われ、コメディアンの小島三児（１９３９～２００１）／「おじゃまします」などの流行語を生んだ漫談家の南州《なんしゅう》太郎（１９３５～）／落語家の五代目鈴々舎馬風（１９３９～）／八並映子（１９４８

～2017）なども出演。なお1998年の脚本家廃業宣言により一時的に創作活動から離れるも2007年に脚本家として復活した桃井は、岡まゆみ一人芝居「かっこうワルツ～紅風子、風速四十米の愛と冒険～（11・5・6～7／乃木坂コレドシアター）」桃井章遺作シリーズ・その1「ロバくんとポニーちゃん（13・1・10～12／乃木坂コレドシアター）」や、恵比寿・Barジャージャンでの公演「テアトロジャージャン（第1回作品「デンティスト（14・9・19～23）」から第17回作品「おんな（19・10・25～30）」まで）」などで作・演出を担当。余談だが「やまとなでしこ」「Doctor-X 外科医・大門未知子」「西郷どん」などの脚本を手がけた中園ミホは広告代理店のOLや占い師のアシスタントなどを経て田中陽造の清書係をしていたころ脚本家が集まるバーで桃井と知り合い、下書きを手伝ったのがキッカケでテレビドラマ「ニュータウン仮分署（88放送）」で脚本家デビュー（〝中園美保〟名義）している。

高平哲郎《たかひらてつお》（1947～）は東京都杉並区高円寺出身で一橋大学社会学部卒の編集者＆放送作家であり、新宿・歌舞伎町のスナック「ジャックと豆の木」や新宿二丁目の「ひとみ寿司」に夜な夜な集まっていた赤塚不二夫／滝大作／タモリらと1977年に結成した《面白グループ》はタモリが初主演した瀬川昌治「喜劇役者たち 九八《クーパー》とゲイブル（78）」にギャグ監修として関わっているが、アイランド・コーポレーションが製作＆ロマンポルノ枠で公開された山本晋也『赤塚不二夫のギャグ・ポルノ 気分を出してもう一度（79）』や『未亡人下宿 初濡らし（80／山田勉＝山本晋也と共同）』などの脚本を高平が執筆。なお『赤塚～』の撮影・鈴木史郎は東元（＝梅沢）薫『好色坊主 四十八手斬り（68）』向井寛『蛇と女奴隷（76）』渡辺護『デパート・ガール 恍惚三姉妹（78）』中村幻児「ウィークエンド・シャッフル（82）」渡辺の「紅蓮華（92）」などの撮影を手がけ、第1回ZOOM-UP映画賞で技術賞を受賞。『―恍惚三姉妹』の照明・近藤兼太郎（1908?～）は1929年にマキノ・プロダクションへ入ったものの参加作品は不明で、戦後は本多猪四郎「南国の肌（52）」斎藤達雄「お母さんの結婚（53）」中川順夫「愛の星座（57）」といった一般映画や特撮ドラマ「海底人8823《はやぶさ》（60放送）」など、そして高木丈夫『魅力ある悪女（64／〝近藤健太郎〟名義）』向井寛『異常体験白書 女体整形（67／〝近藤研〟名義）』梅沢薫『濡れ牡丹 五悪人暴行編（70）』五月マリア『変態若妻責め（82）』といったピンク映画の照明を少なくとも170本以上（註：資料不足による調査不十分な点もあり実際は200本以上か？）手がけており、第2回ZOOM-UP映画賞で功労賞を受賞しているが、渡辺護「連続殺人鬼 冷血（84）」以降の仕事は不明。

高崎隆二（１９４７〜）は鹿児島県肝属郡東串良町生まれで日本大学芸術学部演劇学科卒業後の１９７０年に東映の契約俳優となるも、〝高崎隆一〟名義で西原儀一『新可愛い肌　ミーコという女（73）』『団地妻　舌戯（81）』佐野日出夫『聖女！咬む！（81／当時は港雄一が主宰する《犯し屋軍団》のメンバー？）』市村譲『ハードセックス　秘肉狩り（86）』といったピンク映画に出ているが、プロダクション鷹が製作＆ロマンポルノ枠で公開された珠瑠美『銀座ネオン街　女の絶頂（82）』では西岡鉄二役を演じる以外に木俣堯喬と共同で脚本を執筆。他にも〝高崎隆二〟名義で『秘蜜桃さぐり（89／マネジャー役）』矢竹正知『新妻・衝撃の夜（90／神沢専務役）』などのピンク映画や、和泉聖治「南へ走れ、海の道を！（86）」石井輝男「地獄（99／赤鬼役）」ジャン・レノ＆広末涼子W主演の「WASABI（01／日本公開02）」前田弘二「セーラー服と機関銃―卒業―（16／劇中で「男の道」を歌唱）」北野武「アウトレイジ　最終章（17）」といった一般映画、「暴れん坊将軍Ⅱ／第79話：花の江戸城つまみ食い天国！（84・10・13放送／相羽軍十郎役）」「刑事貴族２／第14話：疑惑の白衣（91・8・2放送／関西興和会の若頭役）」「梅ちゃん先生〜結婚できない男と女スペシャル〜／後編：欠点ばかりの女（12・10・20放送／やくざの親分役）」「新陰流　上泉伊勢守信綱（17・3・3放送／毛呂季忠役）」といった多数のテレビドラマ、原隆仁「ベレッタM92F　凶弾（90・11・9発売／青竜会大幹部で次期参謀の村上役）」高橋伴明「ネオチンピラ　続・鉄砲玉ぴゅ〜（91・4・12発売）」斉藤信幸「獣のように　完結篇（92・6・12発売）」といったOV作品に出ており、現在は俳優業を続けながら神奈川県相模原市で居酒屋「かごしま」を経営しているが、日本大学学友会神奈川県支部のHPにある「活躍するOB・OGたち　第42回」という高崎のインタビュー記事で「これまで出演されたなかで、とくに印象に残る作品はありますか。」という質問に、「（前略）…強いて挙げるなら、自分で台本を書いて鹿児島ロケをやった『暴走カージャック』という映画かな。これは昔の演劇部のメンバーや劇団メンバーとか仲間が集まってくれて、資金も同級生に宿泊費から制作費まで７００万位集めてもらいましたよ。自主製作で大蔵映画で配給しました。僕は鹿児島弁が得意なものだから、田舎の刑事役をやりました。」と答えており、ネット検索しても同題名はヒットしないが、国立映画アーカイブにも収蔵されている市村譲『セックス好奇心（84）』では高崎が出演以外に〝進行〟としてクレジットされていたり、脚本の〝夢野竜二〟というのも市村作品の脚本を多数執筆している夢野春雄（経歴不明）と高崎隆二との合作筆名っぽく思えなくもないし、あるいは台本で「暴走カージャック」となっていた作品の劇場公開題なのかも。なお『〜舌戯』で高崎と共演している及川洋は西原の『看護婦秘密（80）』『襲われた人妻（80）』への出演歴もあるが、的井邦雄「弥次喜多民謡道中　奥州街道の巻（59／江戸蓬莱屋の番頭・加助役）」山田達雄「恋しぐれ　秩父の夜祭り（61／留吉役）」山下耕作「兄弟仁義　続・関東三兄弟（67／吉村清役）」といった映画に出ていた同名の俳優と同一人物かは不明。

また『聖女！咬む！』で高崎と共演している増田再起《さいき》（1946〜）は北海道釧路市出身で国士舘大学を中退し大杉漣や品川徹らもいた劇団《転形劇場》に1968〜77年まで所属し、前田陽一「土佐の一本釣り（80／船乗りの又三役）」白井伸明のロマンポルノ作品『秘色リース妻（84／福田役）』木下恵介「新・喜びも悲しみも幾歳月（86）」長濱英高「もうDEBUなんて言わせない！（97／青山政明役）」松本動「星に語りて〜Starry Sky〜（19／縁側の老人役）」といった映画や、「転落の詩集（78放送）」「兄弟拳バイクロッサー／第4話：弱虫少年の超能力（85・1・31放送／デスター・ロボ「キバキラー」の人間態役）」「新・三匹が斬る！／第6話：幸運の、汗かき阿弥陀が血を流す（92・9・10放送／覚全役）」「暴れん坊将軍X／第6話：大嘘つきの美女！愛を試した裏帳簿（00・5・4放送／石崎因義役）」「不倫調査員・片山由美／第14作：京都・花の殺人乱舞（14・8・6放送／理絵の父である結婚式場「京陽会館」の社長・滝澤幸三役）」「全っっっっ然知らない街を歩いてみたものの／第2話：国道（21・3・29放送）」といったテレビドラマなどにも数多く出ているが、1986年からは役者業以外にも寿登芳《じゅとよし》舞踊団公演や釧路子どもミュージカル「キッズロケット」などの演出を手がけるようになり、主宰する《劇団芝居屋（2001年9月設立）》では第1回「民宿『鶴吉』物語（02・2・6〜10／中野スタジオあくとれ）」以降全ての公演で作・演出を担当。そして『〜秘肉狩り』で高崎と共演している平井武（1943〜）は東京都出身で「必殺仕掛人／第22話：大荷物小荷物仕掛の手伝い（73・1・27放送／手代忠助役）」「翔ぶが如く　第1部：幕末編／第11回：大獄の嵐（90・3・25放送／安島帯刀役）」「セールスレディは何を見た／第11話（最終話）：わが子が家出　新たなる旅立ち…（93・6・24放送）」といったテレビドラマや馬場康夫「波の数だけ抱きしめて（91）」長崎俊一「ナースコール（93）」といった映画などに出演。やはり『〜秘肉狩り』で共演している永島和明（1963〜）は福岡県生まれで「シンデレラは眠らない（00放送）」「ファースト・クラス（14放送／「食堂松月」の大将役）」「櫻子さんの足下には死体が埋まっている／第5話：元教師、悲しき過去との対決（17・5・21放送／圓一重の父・正行役）」といったテレビドラマや中江功「ロック〜わんこの島〜（11）」佐藤東弥「カイジ2　人生奪回ゲーム（11）」といった映画などに出演。同じく『〜秘肉狩り』に出ている桑原浩は「ウルトラマンタロウ／第28話：怪獣エレキング満月に吼える！（73・10・12放送

／村人役）」「秘密戦隊ゴレンジャー／第15話：青い大要塞！ 大暴れバリブルーン（75・7・26放送）」といった特撮ドラマや劇場版として再編集した「秘密戦隊ゴレンジャー　青い大要塞（75／24分）」ＮＨＫの大河ドラマ「元禄太平記（75放送／伊勢源の男役）」などへの出演歴が。

前田順之介（１９４８〜）は山口県出身で明治学院大学を中退し、８㎜や16㎜の自主映画監督を経て脚本家へと転身。中原俊『聖子の太股　女湯小町（82）』小原宏裕『ゴールドフィンガー　もう一度奥まで（83／伴一彦と共同）』といったロマンポルノ作品や、自ら監督したピンク映画『18才性熟白書　私の好きな先生（85）』の脚本を手がけ、他にも「殺し屋にラブソングを（86・2・6放送）」「函館強盗殺人事件（07・1・20放送）」などのテレビドラマや、菅原比呂志「ぼくらの七日間戦争（88／菅原と共同）」倉内均「冬物語（89）」富岡忠文「ねじりん棒（04）」などの映画、そして上垣保朗『にっかつ生撮りシリーズ　泉じゅん　淫《みだ》れる（83・5・15発売／30分）』萩庭貞明「スウィートルーム（93・2・5発売）」阿知波孝「悪銭狩り（00・8・21発売）」

山本晋也『ポルノはつらいよ　女の股枕』（76）。脚本・柏原寛司。南ゆき

といったＯＶ作品の脚本を執筆。

柏原《かしわばら》寛司《ひろし》（１９４９〜）は東京都中央区日本橋人形町出身で、予備校生活を送りながらシナリオ研究所22期を修了。日本大学芸術学部文芸学科在学中からアルバイトとして映像業界で働き始め、特撮コメディ「クレクレタコラ（73〜74放送）」の脚本や製作助手などを経験し、山本晋也『ポルノはつらいよ　女の股《もも》枕（76）』ではシナリオ研究所同期の飯島千恵子と共に脚本を執筆。その後は「プロハンター（81放送）」「あぶない刑事《デカ》（86〜87放送）」といった数多くのテレビドラマや、テレビアニメ「ルパン三世　ＰＡＲＴⅢ／第32話：１０００万ドルの鍵（85・３・９放送）」そして砂工房コーポレーションが製作しロマンポルノ枠で公開された黒沢直輔『お嬢さん探偵　ときめき連発！（87）』村川透「行き止まりの挽歌　ブレイクアウト（88）」原隆仁「べっぴんの町（89）」山下賢章「ゴジラVSスペースゴジラ（94）」などで脚本を手がける以外に「猫の息子（97）」「キリマンジャロは遠く（16）」といった監督作もあり、２００９年９月には地下1階に試写室「Base KOM」を併設したカフェ「coffee & pictures　人形町三日月座」をオープンするも２０２０年９月にカフェ営業を終了したが、２０２３年２月にカジュアルＢＡＲとして再オープン。なお、途中降板した花巻五郎に替わり急遽「クレクレタコラ」にてタコラ役のスーツアクターとなったのが照明部として参加していた千葉靖夫で「光速エスパー（67〜68放送）」や「ビーロボカブタック（97〜98放送）」「燃えろ!!ロボコン（99〜00／後述する平柳益実も脚本執筆）」といった特撮ドラマ、影山明文『緊縛変態集団（82）』『女教師　脱がされた教室（83）』『好色未亡人オナニー塾（84）』などのピンク映画、そして寺山修司「さらば箱舟（84）」でも照明助手を。また『お嬢さん探偵〜』の照明・矢部一男（１９３６〜）は東京都生まれで東京都立世田谷工業高等学校の電力課程を経て１９５５年日活撮影所照明部に入社し、那須博之『セーラー服　百合族（83）』小沼勝『輪舞（88）』といったロマンポルノ作品や篠原哲雄「月とキャベツ（96）」橋口亮輔「ぐるりのこと。（08）」などで照明を手がけ、森田芳光「それから（85）」での仕事により第９回日本アカデミー賞最優秀照明賞を受賞し、平成29年度文化庁映画賞（映画功労部門）も受賞。そして「べっぴんの町」のフォース撮影助手・後藤友輝は深町章『ザ・夫婦交換　欲しがる妻たち（91）』小川和久（＝欽也）『人妻・愛人　連続暴行現場（96）』磯村一路「がんばっていきまっしょい（98）」などの撮影助手やテレビドラマ「追跡４　１１０番通報の『兄貴』『すみれ』の言葉　警察犬が暴いた20年前の白骨死体（98・8・18放送）」のＢカメラ撮影の他に、石井てるよし監督のＯＶ作品「おいら女蛮《すけばん》　決戦！パンス党（92・7・24発売／中井正義・高畑守と共同）」で撮影を。

（ひがしや・としき）

永田哲朗　1931年生まれ。チャンバリスト。「殺陣」は時代劇愛好家必携の一冊。他に「日本劇映画総目録」(監修)「右翼・民族派組織総覧」(国書刊行会)「血湧き肉躍る任侠映画」(国書刊行会) など。

二階堂卓也　1947年生まれ。映画評論家。著書に「マカロニ・アクション大全」「剣とサンダルの挽歌」「新東宝・大蔵　怪奇とエロスの映画史」「洋ピン映画史　過剰なる「欲望」のむきだし」等。

長谷川康志　1978年横浜生まれ。双子座・AB型。酒豆忌（中川信夫監督を偲ぶ集い）実行委員。座右の銘「人間 いちばん あかん」(中川信夫)

東舎利樹　1966年生まれ。僕がポスター画像など資料提供をさせていただいたピンク映画関連の文庫本が今夏〜秋ぐらいに発売予定。また、某所にてピンク映画らしき正体不明のフィルム原版が数点見つかったとの情報があり、なんらかの形で見てみたい。

広瀬信夫　1963年生まれ。扇千景が一番可愛かったのは『別れの茶摘み歌』二部作で間違いないが、映像史上に残るのはフジカシングルエイトのCM「私にも写せます」だろうね。家庭用８ミリの普及により、全国の家庭に膨大な昭和史資料が残されたのだ。

藤元直樹　1965年生まれ。古本屋に積まれているグラフ雑誌、どれがどれか良くわからないのを整理しようと「グラフ雑誌史再考」「大正初期グラフ雑誌カタログ」をまとめたんですが、平成生まれにはジャンルとして認知されていないのに愕然。

冬樹薫　1932年東京生まれ。91歳。佐藤忠男さん、山根貞男さん。戦後の映画評論の泰斗が逝去、時の流れを痛感。ご冥福をお祈りします。

最上敏信　1948年東京生まれ。片岡千恵蔵は麻雀の合間に、お仕事である映画の撮影をしたと云う程のマージャン好き。映画と麻雀好きなのは、千恵蔵同様に、自分も今でもシッカリと刻まれている。片岡千恵蔵、本名植木正義。植木基晴、植木千恵、植木千恵太郎の三人は子役としてその名を残した。二〇二三年は千恵蔵の生誕一二〇年である。

◆62号の訂正◆

●「『釣天井の佝僂男』をご存知ですか？」 頻出する主人公「投げ唄左門」が１箇所だけ (P14)「左近」になってました。失敬。

●「珍品ショウケース」(P48) タイトル『早すぎた埋葬』→『殺しの占星術』。そうです。前号のタイトルがまんま残ってたんです。最悪のミス。もちろん目次も。失敬。

執筆者紹介（五十音順）

猪股徳樹　1942年生まれ。邦画、洋画を問わず、食事の場面が大好きになった。ラストの銃撃より団らんの描写で、自分はほんわかになる。すっかり変わってしまった。そんな日々。

宇佐美晃　1957年生まれ。ヘルムート・バーガーが『ゴッドファーザーPART 3』に出てるのってヴィスコンティへの目配せだよね。コルレオーネ一家にパゾリーニ組のフランコ・チッティがいるのと同じだよね？

浦崎浩實　1944年生まれ。ライター。お能「嵐山」を読み、オノレの傘寿を自祝す！　雷蔵サマ37歳、ミシマ45歳の享年をナンとする、ナ〜ンテネ！

川喜多英一　1957年生まれ。『鉄腕稲尾物語』には西鉄スタア選手がズラリ出演。むろん誰もが台詞棒読み、動きはマネキン、の典型的運動選手ぶりだった。そんななか中西太だけが流暢な台詞回し、自然な演技なのにビックリ。銀幕からスカウトなかったのが不思議。黙禱。

小関太一　1964年生まれ。かつて、「カルトをカルチャーに」を掲げ岡本喜八やシルバー仮面といった少しマイナーな題材をテーマに仕事した。あれから四十年近く経ってしまったが未だに同じような題材と格闘している。カルトは文化になったんだろうか？

重政隆文　1952年、大阪生まれ。大阪在住。映画館主義者。ひっそり公開『フリークスアウト』（ガブリエーレ・マイネッティ監督）を見た。エロ・グロ、ナチス、狂気が、フェリーニ風味で混在する喜劇だった。

鈴木義昭　1957年生まれ。「ピンク映画史発掘・桃色仕掛けのフィルム」（仮題／筑摩書房）加筆・修正中。今秋発売予定。関連発掘上映も準備中。企画・編集した「朝倉喬司集成・昭和の怪人」（大洋図書）好評発売中。

ダーティ工藤　1954年生まれ。本誌出版の頃には9年ぶりの新作長編映画の撮影が終了し編集中であろう。ジョナス・メカスと初期ヴィム・ヴェンダース、シャンタル・アケルマン風味の製作・脚本・監督・撮影・編集作。

谷川景一郎　1981年大阪生まれ。大江健三郎が死去。『同時代ゲーム』は無限大の想像力に圧倒された、最も好きな作品。新作を待ちわびた日々、刊行日に新作に触れる喜び。同時代を幾許かでも生きられた僥倖に感謝します。

◆編輯後記にかえて

荻昌弘という映画評論家の文章、正味の話、全く読んだことがなかった。TVの洋画劇場で解説をしてるってだけで軽く見てたのだ。食通で知られてるところも気に食わなかった（貧乏人の僻み！）。

それが先日、神保町の百均で彼の『ステレオ　聴く人の創意と喜び』（毎日新聞社1968）を拾って、ちょい認識を革めた。内容じたいは〝高度成長期で贅沢になった庶民生活の証言〟でしかないが、荻の〝藝風の嗜好〟にグッときたのだ。作曲家ではヤナーチェク、指揮者ではカルル・シューリヒトを第一等に推している！　嗚呼、この渋いセンス。喰わず嫌いしてて、済みません。

丹野達弥

『映画論叢 64号』の予告

元祖旅行映画作家　バートン・ホームズの幻景　藤元直樹

時代劇に怪奇性を求めて　水戸黄門のモンスター退治　二階堂卓也

映画化できない理由　三上於菟吉の探偵小説　湯浅篤志

色男の死にざまを見よ　スティーブ・コクランの死の謎　千葉豹一郎

知る人ぞ知る1968年の佳作　『愛すれど心さびしく』研究　内山一樹

●好評連載　浦崎浩實、最上敏信、猪股徳樹、重政隆文、東舎利樹

映画論叢《えいがろんそう》63

2023年7月15日初版第1刷発行

定価［本体1000円＋税］

編輯　丹野達弥《たんのたつや》

発行　㈱国書刊行会

〒174-0056 東京都板橋区志村1-13-15

Tel.03(5970)7421　Fax.03(5970)7427

https://www.kokusho.co.jp

装幀　国書刊行会デザイン室＋小笠原史子（株式会社シーフォース）

印刷・製本　㈱エーヴィスシステムズ

ISBN　978-4-336-07542-0　C0374